PETER HACKS – *Hundert Gedichte*

PETER HACKS – *Hundert Gedichte*

Eulenspiegel Verlag

ZEHN HOCH ZWEI

Diese Formel bedeutet so viel wie die Formel zehn mal zehn, heraus kommt hundert. Die Zahl hundert steht schon im ältesten Altertum für jede Menge, die hinreichend groß ist, um in irgendeiner Hinsicht ernst genommen zu werden. Hekatomben meinten, anders als das Wort sagt, nicht unbedingt Opferungen von genau hundert Stieren. Genügend Stiere genügten.

Sorgfältiger gezählt wurde bei den *Kaiserlichen Hekatomben* des Julian. Er opferte den Göttern hundert Löwen, er opferte ihnen hundert Adler, und so fort. Die Literatur verwendet den Begriff wie der Kaiser.

Jede Sammlung von irgendwas strebt die Zahl hundert an.

In Italien gab es *Il Centonovelle*, ausgeschrieben Cento novelle antiche, ein Novellenbuch des 14. Jahrhunderts. In Frankreich legte im 15. Jahrhundert der Schriftsteller Antoine de La Salle seine *Cent nouvelles nouvelles* vor: Hundert neue Neuigkeiten.

Eine Sammlung von hundert Sammelstücken ist nicht nur üppig, sie ist ihrem Sammelgegenstand gerecht geworden. Ein Gedicht ist zu klein, um ein Werk genannt zu werden. Hundert Gedichte machen auch Lyrik zum Œuvre.

Hundert Gedichte, also das Unternehmen, das literarische Gesamt eines Verfassers in einer Abkürzung zu begreifen, ist selbst und als solches ein Genre. Genres muß man beherrschen. Es gibt Bedingungen des Genres.

Als der Verlag, der unter der Flagge des Verlags segelt, welcher für lange Abschnitte meines Schaffens eine Art Zuhause für mich bot, mir anheimstellte, eine Ausgabe meiner eigenen *Hundert Gedichte* zu veranstalten, befiel mich keine besondere Befangenheit.

Ein Autor, der sich herausgibt, kann ein unbegabter Herausgeber sein, aber doch wenigstens kein feindlicher.

Er nimmt von Natur die Partei das Verfassers: Er will von seinen Poesien die besten auswählen. Er weiß ganz gut, welches seine besten Sachen sind.

Er nimmt – nicht minder von Natur – die Partei des Publikums. Er sucht von seinen Poesien die aus, die sich zum Gebrauch eignen. Er hat im Lauf das Lebens wohl vernommen, welche seiner Gedichte verlangt sind.

Er wählt also von den gelungenen die gefragten, von den gefragten die gelungenen. Eine so beschaffene Ausgabe ist die Illusion des mit seinem Leser vollkommen versöhnten Dichters.

Das klingt höchst erstrebenswert und ist folglich nicht zu haben.

Künstler sind ernsthafte Leute. Aus Gründen das Ernstes gibt der Selbstherausgeber Stücke heraus, die für seine Kunst wichtig sind und aber dem Publikum nicht sehr gefallen, und er gibt Publikumsschlager heraus, die ihm nicht gefallen. Er gibt unbeliebte gute und beliebte schlechte, und er verdirbt sich mit diesen und jenen viel. Er muß aber so handeln; denn ohne diese Grenzfälle und Extreme enthielte der Band nur seine Geschicklichkeit, nicht seine Wahrheit.

Die Erfüllung der Bedingungen des Genres hat also für den Verfasser ihre Schwierigkeiten. Aber am Ende wieder ist es einfach oder jedenfalls nicht besonders schwierig.

Es ist, wie in der Poesie alles, eine Frage des Nimmer-Zuviel.

Hundert Gedichte sind die Höchstmenge an Gedichten, die ein Mensch in einem Band durchlesen kann. Andererseits verweist dieser Band auf ein Gesamtwerk, und er hat ein für seinen Umfang großes Gewicht: das Gewicht des Œuvres, das er ersetzt.

Der Verfasser muß ertragen, daß ein Teil der Leserschaft mit seinen Gedichten an keinem weiteren Ort je Bekanntschaft machen wird. Er gibt sein Fleisch her als Extrakt und sozusagen *Liebigschen Würfel*, aber jetzt drohe ich, mich aus der zweiten schon in die dritte Potenz zu verirren, und höre besser auf.

PETER HACKS

I

COUPLETS DER PROSERPINA ÜBER PLUTOS HÖLLISCHE ESKAPADEN

Er liebte einst die Nymphe Minze.
Ich schuf sie um zu einem Kraut.
Die kleine Närrin, was gewinnt sie?
Sie wird als Kaugummi gekaut.

Hiernach bekam er einen Rappel
Nach einem Kind, das Leuke hieß.
Ich schuf sie um in eine Pappel,
Woran er sich den Piephahn stieß.

Die Hexe Hekate zu haschen,
Mit der ich gut befreundet bin,
Will er im Bett sie überraschen.
Doch leider lag schon ich mit drin.

Der Eva flüsterte als Schlange
Er Zoten zu im Paradies.
Erst wurde ihr so süß, so bange.
Dann wars der Adam, den sie ließ.

Ein Nönnlein hat er auch erobert.
Die Sache steht bei Meyerbeer.
Er tut ihr Zwang. Der Sohn heißt Robert.
Ein dummer Teufel, grad wie er.

DIOMEDES

Keinen gern zum Männermord send ich. Aber mit Schauder
Von der Verblendung stets vernahm ich des reisigen Lenkers
Starkbehufeter Rosse Diomedes. Den Speer hebt
Frevelnd im Taumel der Schlacht der Tydeid und verwundet
Mit der ehernen Spitze die Göttin, die heilig, die schwarze
Aphrodite, die schadenbringende Tochter des Chaos.
Eilet, Menschen, versöhnt sie! Opfert ihr, opfert ihr reichlich:
Kerzen opfert, Wein und Grundsätze. Gegen die Liebe
Kommt ihr nimmermehr auf. Verderbt es euch nicht mit dem Monde.
Fügt ihr euch, seid ihr gestraft, doch verloren, naht ihr in Feindschaft.
Aber wohl der Stadt, über die sie schützend die Hand hält.
Nun P*** V***** wieder, er schmäht sie mit Reden, die wörtlich
An im Gedicht zu führen nicht ziemt. Ich häng meinen roten
Schirm einem kahlen Feigenbaum in die Hörner und denke
Seiner mit Mitleid und tiefer Besorgnis. Ungründlich erwog er,
Daß nicht lange besteht, wer wider Unsterbliche anficht.
Anhänger nennt die Göttin ihr eigen, wo irgend man eintritt,
Offne und heimlichere, in Destillen und Akademien.
Im Gewühl schlägt sie zu der bescharrten Straße, und mitten
Reißt die Stickluft entzwei der gängeverzweigenden Ämter
Ihr pastellenes Lächeln. Zurück auf den spiegelnden Platten
Läßt der Schreibtische sie der Parteidienststellen den Umriß
Ihrer Hinterbacken, zwei vollkommene Kreise.
Der Berserker gehorchender Heerbann, zu ihr läuft er über.
O! wenn des Nachtwinds Geruch euch, der malvenfarbne, nicht lehret,
Oder den Abdruck nicht jemals ihr tragt eines senfblonden Haupthaars
Auf dem Schenkel, doch solltet ihr, Unüberzeugte, sie fürchten:
Ihr erlag der Gaultummler Diomedes, der stärker
War als Hektor, nach dem doch die kräftigsten Hofhunde heißen.

DIE HYDRA

Der Trick, der mit den Köpfen, der ist gut.
Je mehr du abhaust, desto mehr entspringen,
Wo einer schon genügt, dich zu verschlingen.
Von Schlappe schwillt zu Schlappe ihr der Mut.

Das findet Zulauf, dehnt sich, zischt und bellt,
Das knospt und sprießt in unbegrenzter Reihe.
Für einen toten Dummkopf treten zweie.
So steht sie längst als Gleichnis für die Welt.

Zwei sagenhaften Männern fiel das Amt,
Sie zu erlegen, zu, ungleichen Brüdern,
Gleich schnaufend jetzt, gleich blutig, gleich verschlammt.
Es ist ein alter Ärger mit den Hydern.
Obsiegen aber wird der Heldenzwilling.
Das ist mein Wahrspruch. Sei er selffulfilling.

DUETT DES HERAKLES

Alles wollte ich vollbringen.
Wenig habe ich vollbracht.
Fuhr zum Licht mit Adlers Schwingen.
Sank hinab in Hades' Nacht.
Sehnsuchtsvoll in Sternenmatten,
Sehnsuchtsvoll im Pflichtentrott,
Such ich Herakles, den Schatten,
Such ich Herakles, den Gott.

An dem Gifte meiner Siege
Starb ich, meinen Zwecken fremd,
Ach, sie legens in der Wiege
Uns schon an, das Nessoshemd.
Lang bevor ich auf den Latten
Meines Scheiterhaufens sott:
Herakles, ein armer Schatten,
Herakles, ein armer Gott.

Wer bewegt des Weltalls Angel,
Wer bewirkt, daß es nicht bleibt,
Als die Unrast, die den Mangel
Zum ergänzenden Mangel treibt.
Jener Nu, da wir uns hatten,
Macht der Trennung Qual zum Spott.
Geh denn, Herakles, mein Schatten.
Geh denn, Herakles, mein Gott.

AUSFLUG MIT APHRODITE

Pirol läßt sein Lied ertönen,
Und ich gehe mit der schönen
Aphrodite, ihre Hand
In der meinen, über Land.
Weg und Flur im Morgenscheine.
Vor uns her am Ackerraine
Wandelt eine Wachtel, die
Man nicht sieht, doch hört man sie.

Und der Wiesen Dunst verschwindet,
Wie die Sonne sich entzündet.
Mir auch, Göttliche, sodann
Fang ich zu erzählen an,
Mir auch in der weiten Ferne
Seufzt ein Herz und hat mich gerne.
Und sie nickt und lächelt leis,
Wie als wenn sie es nicht weiß.

Erntewagen, vollbeladen.
Roten Mohn und lila Raden
Hat das Roggenfeld im Haar.
Und sie steckt sich auch ein paar.
Celsius' Säule steht auf dreißig.
Landmann, sei doch nicht so fleißig.
Komm in meine Arme her,
Küß mich, Mitarkadier!

Ah! die Brust schwillt vor Vergnügen.
Schwieg ich jetzt, es wäre Lügen.
Und an einem Rosenzaun
Muß ich ihr was anvertraun:
Himmlisch ist, von treuem Sehnen
Sich zu Recht umfaßt zu wähnen.
Und sie nickt und lächelt leis,
Wie als wenn sie es nicht weiß.

Hesperos hebt seine Kerze
Über Berg und Waldesschwärze,
Hinter ihm ein Schimmer zeigt,
Wo Selene aufwärts steigt.
Abend fächelt. Und ich fühle
Seine höchst erwünschte Kühle,
Daß vor plötzlichem Genuß
Ich tief Atem holen muß.

Glücklich, spreche ich, ist jeder,
Den der Tod noch nicht am Leder
Hat und mit Gesetzes Kraft
Vor den Rhadamantys schafft.
Doch die Welt als Sitz der Wonnen
Kennt nur, wem du wohlgesonnen.
Darum will ich nie allein,
Stets von dir begleitet sein.

DIE VIERTE EKLOGE DES VERGIL

Laßt uns etwas Hohes singen
Für den König, unser Kind,
Von den neuen Zeitendingen,
Von dem Weltjahr, das beginnt.
Winter schleicht sich aus den Zedern,
Frühling kommt mit goldnen Rädern,
Rädern, die wie Sonnen sind.

Keine Armut drückt den Knaben,
Keine Furcht sein Herz ergrimmt.
Strauch und Wiese läßt ihn haben,
Was er in die Hände nimmt.
Nüsse, Zweige, Efeuranken,
All die kleinen Erdgedanken
Sind zum Spielzeug ihm bestimmt.

An dem Dornbusch hängt die Traube.
Honig aus dem Eichbaum träuft.
Flor entwindet sich dem Staube,
Bis sich Blüt an Blüte häuft.
Und die Ziege ohne Scheuen
Weidet mit dem Riesenleuen.
Lämmlein an der Wölfin säuft.

Friedlich geht des Schiffes Wandel.
Friedlich geht des Pfluges Spur.
Enden werden Trug und Handel.
Eins wird Arbeit und Natur.
Alles jauchzet frohverwundert
Dem erscheinenden Jahrhundert.
Frieden tränkt als Au als Flur.

Lächle du. Die Lippen schürze
Du zum Lächeln, kleiner Mann.
Wer bei solcher Daseinskürze
Schon den Eltern lächeln kann,
Wird mit Göttern Umgang pflegen,
Wird zu Göttinnen sich legen,
Kommt auch gut bei Dichtern an.

ENDYMION

Einst in einer Nacht, die klar,
Doch natürlich mondlos war,
Schlief ich im Gehölz, dem warmen,
Und alsbald in meinen Armen,
Wie vom Mond herabgestiegen,
Fand ich eine Dame liegen.
Ihren Silberarsch, den kleinen,
Schien ihr angebracht, auf meinen
Oberschenkel hinzubetten
Und damit vor Schmerz zu retten.
Voller Piniennadeln lag
Nämlich Latmos' Hain und Hag.

Hiernach hob sie selbstbewußt
Ihren Kopf von meiner Brust.
Wissen Sie, so sprach sie, daß
Höchste Huld ich walten lass,
Und daß ich Selene bin,
Die beliebte Mondgöttin.
Ich besah Sie oft von oben,
Ohne Sie zu sehr zu loben,
Aber mein Intresse galt
Ihrer schmucken Mannsgestalt.

Wie des Sommers Brise leidet,
Waren wir nur leicht bekleidet,
Mein Besuch mit einem losen
Schleier, ich mit Baumwollhosen.
Und sehr rasch sind uns im nächtlich
Lauen Dunkel die geschlechtlich
Beiderseits erregten Mitten
Zueinander vorgeschritten.

Nähres läßt sich nicht erzählen.
Denn sie übte einen Seelen-
zauber, daß, auch wenn ich wollte,
Ich mich nicht erinnern sollte.
Deutlich ist mir, was geschah,
Bloß vom wie ist nichts mehr da.
Fünfzig Mal, so viel steht fest,
Hat sie hier im Liebesnest,
Rittlings über mich gebeugt,
Eine Tochter sich gezeugt.
Just die fünfzigste erst neulich.
Gar kein Streit, es war erfreulich.
Doch ich kann bei dieser Frau
Mir nicht merken, was genau
Zwischen mein- und ihrem Fleisch lief,
Als sie mir im Walde beischlief.

SATURNO

Vom Lande der Hellenen kam mein Schiff geschwommen.
Mit Freude dank ich denen, die mich aufgenommen.
Man frug in allen Breiten: was sind deine Gaben?
Ich sprach: die goldnen Zeiten, will sie keiner haben?
Coriandoli und Nüsse, Kerzenschein und Lieder.
Empfanget meine Küsse, gebt sie auch mal wieder.
Empfanget meine Liebe, bin da selbst empfänglich.
Was immer von uns bliebe, Liebe ist nicht unvergänglich.

Ich bin die Saat im Winter, die im Dunkel wohnet.
Ihr kommt wohl noch dahinter, daß Erwartung lohnet.
Und lieg ich tief verborgen, bleib ich nicht verschwunden.
Der hoffen kann auf morgen, hat mich schon gefunden.
Coriandoli und Nüsse, Fackelschein und Lieder.
Empfanget meine Küsse, gebt sie auch mal wieder.
Empfanget meine Liebe, bin da selbst empfänglich.
Was immer von uns bliebe, Liebe ist nicht unvergänglich.

WAS TRÄUMT DER TEUFEL

Was träumt der Teufel, wenn die Schatten nahn?
Was rührt den Braven, der in Chaos' Nacht
Die Öfen fährt und seine Arbeit macht,
Was, wenn gelehnet er an einen Zahn

Des Höllenmauls nach fünfe, pechumschäumt,
Ins Feuer starrt, wo sich die Sünder drängeln,
Ich wüßte Namen. Doch zurück: was träumt
Des Abgrunds Werkmeister? Er träumt von Engeln.

Höchst unvermittelt in der maledeiten
Stirn blüht ein Bild von jener Wesen Reizen
Und schönen Unzurechnungsfähigkeiten,
Die noch so frei nicht sind, gleich ihm zu heizen.
Auch ich an Halbheit krank. Wie der Geschwänzte
Träum ich dem Engel nach, der mich ergänzte.

DIE FEDER

Manchmal überfliegen einzelne Engel mein Grundstück,
Hin zu dem oder dem tröstungsbedürftigen Volk.
Gestern war einer, die Sonne schimmernd in Flügeln und Haaren.
Sie durchschien auch sein Hemd. Deutlich erhellte dabei,
Daß er sanft gebildet und mädchenhaften Geschlechts war.
Lange blickt ich ihm nach. Dann auf dem Pflaster im Hof
Lag was Weißes. Ihm war eine Feder heruntergefallen.
Und ich hob, all dies dir zu berichten, sie auf.

II

AUF DER SUCHE NACH DER WEISSEN GÖTTIN

Ich weiß sehr wohl: ich hab es nie erfahren,
Noch auch ein Kleineres dafür gehalten.
Das Wunder, weiß ich, war es nie. Es waren
Des Wunders bunt und faßliche Gestalten.
Doch stets war mir vergönnt, das Glück mit Frauen
So tief zu fühlen wie es zu durchschauen.

O gäb es sie, die, Weib zugleich und Kind,
Reife und Reiz und Innigkeit vereinte
In einer Laune: sie wärs, die ich meinte.
Denn so durch ihren Zweck vereinzelt sind
Im Reich des Stoffes alle Köstlichkeiten,
Daß auch die Gegenteile Lust bereiten.

Sie, die, nie ausgeschöpft, von keiner Art
Und aller, unbestimmt durch Wo und Wann,
Das Seltne bindet, das Entlegne paart,
Es gab sie einst, die es nicht geben kann.
Von Delphis Nabel zu den Cordilleren
Gebot sie auf umdüsterten Altären.

Durch jedes Weib von weiß und mildem Schimmer,
Mit dem ich mich auf einen Haufen schmiß,
Hab ich sie immer angerührt. Doch immer
War zwischen ihr und mir ein Hindernis.
Da war kein Freuen, das nicht sie gewährte,
Und war kein Freun, drin ich sie nicht entbehrte.

Drum wenn ich heute für die Dünnen singe,
So sollen sich die Dicken nicht beklagen.
Ich bin ihr Diener. Allerliebste Dinge
Will ich mit nächstem auch von ihnen sagen.
Diese zu ihrer Zeit und die zu ihrer.
Wer sich hier fester legt, ist hier Verlierer.

Ich glühte gern. Im Tun und in Gedanken.
In Daunen lag ich und in Röhrichten.
Der Liebe pflog ich nach der Art der Franken,
Der klugen Liebe und der törichten.
Und immer wieder eine tröstlich Nackte,
In welcher ich die weiße Göttin packte.

Wie ist die Welt? Die Welt ist wie ein Weib.
Wie ist ein Weib? Ein Weib ist wie ein Bette.
Sie alle wärmen keinem Mann den Leib,
Der sie nicht vorher erst erwärmet hätte.
Der Kalte lebt, liebt, liegt im Kalten eben.
Was er nicht hat, das wird ihm nicht gegeben.

Die Liebe wie das Dasein überhaupt
Verdienen, daß man an sie glaubt.
Man kann sie sicher widerlegen.
Man kann sich sicher auch den Kopf absägen.
Es liegt bei dir. Dies gilt im ranzigsten
Noch der Jahrhunderte, dem zwanzigsten.

Und dennoch bleibt: die reinste Neigung endet
In Überwürfnis oder unansehnlich.
Sie endet todgleich oder eheähnlich.
Die Lust ist nicht von Dauer, die sie spendet.
Verstehe denn beim Auseinanderweichen:
Sie alle ja sind Teile nur und Zeichen.

Aus der Bedeutung aber dieser Zeichen
Entnahm ich von der Sache ziemlich viel,
Und immer näher unterm Nichterreichen
Kam mir das Unerreichbare, das Ziel.
Wohl über Manche legte ich die Beine.
Und aus den manchen wurde fast die eine.

Und voll vom Abdruck, fröhlich vom Geruche,
Der sich in mir, der Frauen, überdeckte,
Erfuhr ich sie, die rätseltief Versteckte,
Die weiße Göttin. Ewig auf der Suche,
Erklär ich heute schon, daß ich sie fand.
Ich traf sie nie. Ich hab sie gut gekannt.

1. 8. 1973

Ulbricht leider ist tot und Schluß mit der Staatskunst in Deutschland.
Immer mächtiger treibts mich in den Goethe hinein.
Zieh jetzt, Freundin, dein Herz nicht zurück. Als letztes sonst bleibt mir,
Einzutrimmen die Kunst einer barbarischen Zeit.

G.

Zwar in Wetzlar hat Goethe »Leck mich im Arsch« schon geschrieben,
Aber im ewigen Rom erst, es zu fühlen, gewagt.
Sie, die der römischen Ops in nichts sonst ähnelt, ein Gleiches
Wirkte mein Mädchen an mir. Seht, und ich wollte, die Welt
Hätte nur eine Zunge ...

DIE ESPEN

Aller Wind in Deutschland, bekanntlich aber entsteht er
Durch die Espen. Diese ewig geängstigten Bäume
Regen mit ihren Blättern die Luft auf. Im Falle besondrer
Furcht bis zum Orkan, so zittern sie. So in der Liebe
Rühret Mißgeschick meist aus Sorge vor Mißgeschick, also
Beuge, Geliebte, nicht vor. Nicht anders ferner in Manchem.
Wären die Espen nicht, Stille herrschte und heiterster Frieden.

DA IST EIN WEG IM STÄDTISCHEN RASEN

Da ist ein Weg im städtischen Rasen,
Wo ich getreten bin.
So oft bin ich gegangen
Zu meiner Liebsten hin.
Es wird mich nie gereuen,
An ihr mich zu erfreuen.
Drum führt ein Weg im städtischen Rasen
Zu meiner Liebsten hin.

In ihrem Bett, von sechzig,
Sechs Federn sind entzwei.
So oft hab ich gelegen
Meiner Liebsten bei.
Es wird mich nie verdrießen,
Ihr Wohltun zu genießen.
Drum bis die letzte Feder hin ist,
Will ich ihr liegen bei.

Wohl eher oft als selten
Hab ich ein Weib gekürt.
Jetzt stehen sie und schelten
Und bleiben unverführt.
Doch sollt ich mir versagen,
Bei ihr mich zu behagen?
Die Treue laß ich gelten,
Die aus der Liebe rührt.

BLUMEN SCHENKT MIR DIE LIEBSTE

Blumen schenkt mir die Liebste und hat mich also verstanden
Und bezweifelt das nicht, daß ich empfinde wie sie.
Schlipse, so denkt sie, besitzt er, Zigarren kauft er sich, Hunger
Leidet sein Magen kaum, aber, wie meines, sein Herz.
Aber daß roherfühlend der Mann nicht sein als die Frau muß,
Woher weiß sie das denn? Weil sie stets gut ist, wohl sind
Alle stets gut zu ihr, und nicht durch Erfahrung verängstigt,
Gibt sie mir Liebe und gibt liebliche Tulpen und sich.

TASTEND

Nervig nie war mein Bein, doch eben arm nicht an Nerven,
Ganz der Fülle gewahr wirds deiner spendenden Haut.
Eher auch reißt mein Sinn sich von jedem edleren Ziel ab,
Ehe die Wölbung der Hand der deiner Brust sich entreißt.
Menschen müssen auf Menschen liegen, Alles in Allem.
Tastend, tasten sie wohl endlich zur Menschheit sich vor.

WAS KANN MICH NOCH BEWEGEN

Was kann mich noch bewegen
In meiner fernern Zeit?
Ich hab bei dir gelegen.
Mir kommt nichts mehr entgegen
Von solcher Wichtigkeit.

Was soll mir noch geschehen,
Das Höchste ist erreicht.
Das Rad mit allem Drehen
Bringt nichts vor mich zu stehen,
Das dem Gewesenen gleicht.

Nun geh ich fast belustigt
Durchs trübe Hier und Heut.
Mein Herze, das ist schußdicht.
Kein Unglück hat kein Freud
An dem, der es nicht scheut.

ALS MEIN MÄDCHEN ZU BESUCH KAM

Als mein Mädchen zu Besuch kam,
Unerwartet wie ein Lied,
Als ich sie dann auf das Tuch nahm,
Das mein Bette überzieht,
Als die Frösche und die Vögel
Munter quarrten in der Nacht,
Habe ich von Gottes Regel
Besser als zumeist gedacht.

Als mit Lachen und mit Stöhnen,
Als mit zärtlichem Gelüst
An der Schönheit meiner Schönen
Ich mich noch nicht sattgeküßt,
Als der Morgensonne Prangen
Aus den Wiesen sich erhob,
Wußte ich dem Unterfangen
Seiner ganzen Schöpfung Lob.

Diese Nacht war von den Nächten,
Wo der Mensch die Liebe spürt,
Wo die Knoten sich entflechten,
Die man ihm ums Herz geschnürt,
Als mein Mädchen zu Besuch kam,
Unerwartet wie ein Lied,
Und wo ich sie auf das Tuch nahm,
Das mein Bette überzieht.

DU SOLLST MIR NICHTS VERWEIGERN

Du sollst mir nichts verweigern.
Ich will den letzten Rest.
Geht eine Lust zu steigern,
Ein Schurke, wer es läßt.
Gehabtes Glück hilft sterben.
Der Tod, er soll nichts erben
Als blankgeleckte Scherben
Und Schläuche ausgepreßt.

Der Vater der Genüsse,
Der alte Knochenmann,
Hängt an die tiefsten Schlüsse
Doch seinen tiefern an.
Boviste und Planeten,
Das Schicksal der Poeten ...
Er drückt uns an die Gräten,
Mein Liebchen, und was dann?

Drum glaub den tausend Zeigern
Der Welt, die nimmer ruhn.
Du sollst mir nichts verweigern.
Wir müssen lieben nun,
Bis einst aus freien Stücken,
Gesättigt mit Entzücken,
Wir unsrer Füße Rücken
Still voneinander tun.

III

CHORLIED AN DAS BETT

O gesegnet das Bett
Und gesegnet der weißliche Ahorn,
Von nervigen Händen gefällt, geschnitzt unter Liedern,
Und gesegnet die Daunen von mancherleifarbgem Gevögel
Und die Füße, gedrechselt vom Zahn des libyschen Untiers.
Schön steht es da in der blendenden Sonne des Mittags,
Und wie Silber schimmerts im Mond, der mählich vom Meer kommt.
Gesegnet sei es, das breite und lange, das bräutliche, ungeduldige.
O gesegnet, gesegnet das Bett.

DIE SIRENE

Sie lag in ihrem Bett von warmem Sand.
Sie hatte zum Erstaunen hübsch gesungen.
Er war zu jenem unbekannten Strand,
Dem Schall der Stimme folgend, vorgedrungen.

Sie war nicht eben ein Geschöpf von Geist,
Doch litt sie heiter, daß sie Umgang pflögen.
Ihr Wuchs erschien ihm eine Spur zu feist.
Er unterhielt sie, fand er, nach Vermögen.

Er teilte sich ihr mit. Wo seine Triere
Herkäm und was ihn durch die Meere treibe.
Er war nicht sicher, ob sie ihn kapiere.
Während sein Blut verrann an ihrem Leibe,
Fiel ihm noch auf: Die Bucht ununterbrochen
Lag wie bestreut mit weißen Menschenknochen.

HERMINE

Hermine stand am Wolkenstore
Und blickte bang hinaus.
Ihr rundes Hinterteil sah vor
Dem Tüll ganz reizend aus.
Die Sinne fliehn ...
Jetzt ahnt sie ihn ...
Er biegt ums Eck von Sankt Marien.

Der Liebste lag im Bett und fror.
Herz, laß mich nicht allein!
Hermine steht am Wolkenstore
Und mag nicht zärtlich sein.
Die Sinne fliehn ...
Jetzt ahnt sie ihn ...
Er biegt ums Eck von Sankt Marien.

Der Gatte klopft ans Eichentor.
Weshalb hast du den Riegel vor?
Der Liebste fährt ins Stiefelrohr.
Hermine steht am Wolkenstore.
Wohin, wohin?
Ein Abendglühn
Webt Rosen über Sankt Marien.

DORNRÖSCHEN

In einem rosa Höschen,
Die Knie bis an dem Kinn,
So fand ich mein Dornröschen,
Die holde Schläferin.

Ich setzte auf dem Linnen
Mich nieder, wo sie lag,
Und bot, um zu beginnen,
Ihr einen schönen Tag.

Und ist es schon am Tage?,
Es wispert als ein Hauch,
Was auch die Glocke schlage,
Ich schlaf tagüber auch.

Da mußt ich mich erdreisten,
Da küßt ich sie geschwind,
Und dorthin, wo die meisten
Küsse von Wirkung sind.

Da glitt ein müder Schimmer
Ihr übers Angesicht:
Mon Prince, ich schlafe immer,
Ob man mich küßt, ob nicht.

KLEINE FREUNDIN VORM SPIEGEL

Das Kind, das meinem Bett entsteigt
Mit rabenschwarzem Haar,
Wie unbefangen sie mir zeigt,
Woran doch nichts zu loben war.

Jetzt hat sie einen rosa Slip,
Sie ist fett für ihr Alter,
Und jetzt, daß ihre Brust nicht wipp,
Einen schwarzen Büstenhalter.

Dann hat sie noch ein kurzes Hemd,
Sie sagt, es ist ein Kleid.
Die Jugend ist mir ziemlich fremd,
So ungeniert und so verklemmt,
Ich seh ihr zu, wie sie sich kämmt,
Und tu mir leid.

AUF EINEN BRONZENEN GARTENGOTT VON SALOW

Priapos steht ohne Hosen
Zwischen Buchs und Hochstammrosen.
Seine Beine eine Stele,
Daß das Ornament nicht fehle.
Aber dann aus feisten Hoden
Überragt den Gartenboden
Unermüdlich seine Rute.
Damit segnet uns der Gute.

Unserm Gärtner, dem obläge,
Der Figur zum Zweck der Pflege
Ihre Wölbungen und Höhlen
Mit dem Lappen einzuölen,
Wirds, wenn er zur Mitte reinlich
Sorgend vordringt, immer peinlich.
In ihm schwillts zum Haß, zum fixen,
Einem Mann den Schwanz zu wichsen.

Und er hat sein Weib gebeten,
Ihn beim Wichsen zu vertreten.
Die, unangefochten fröhlich,
Reibt dem Gott die Eichel ölig.
Abends liegt sie noch wie schwebend,
Das Begebnis nacherlebend,
Leise zieht durch ihr Gemüt
Die Kontur von seinem Glied.

DIE AUSTER

Man fragt sich, was der graue Glibber fühlt.
Da liegt sie, zwischen ihren Fransen bebend.
Das Meerwasser, das salzig sie umspült,
Du schmeckst es, lustvoll sie zum Munde hebend.
Du schlürfst sie ein mit einem langen Schluck.
Das Tier scheint wie geschaffen zum Genusse.
Dem Druck der Zunge pulst es Gegendruck
Und strömt sein Leben hin in einem Kusse.

FEUCHTE WÄRME

Flehend lag ich vor Asklepios' Herme.
Hilf, o Herr! Die Welt sprengt mir die Galle!
Und das Bild mit erznem Widerhalle:
Ab ins Bett, mein Sohn, und feuchte Wärme.

Chloë, als ich ihr den Fall berichtet,
Hat sie voll dem Gotte beigepflichtet.

AUF DEM ABWEG

Ungeschlafen, vollgesoffen,
Ward ich unlängst angetroffen,
Mit verquollnen Lidern auch,
Auf den Wangen Bissemale
Und mit einem Damenshawle
Im Oktobermorgenrauch.

Froh bemerk ich, daß ich schlinger.
Weibsgeruch an Kinn und Finger
Zeugt vom Hergang dieser Nacht.
Ob ich gänzlich nun verwahrlos,
Zittrig, leberleidend, haarlos?
Seis! das Beste ist vollbracht.

Plötzlich in den grauen Massen
Schattentrüber Hintergassen,
Wo die Stadt am Strome spart,
Quergestreift entquillt ein Schimmer
Einem hohen Hinterzimmer
Neben einer Toreinfahrt.

Fetzen, die an schlaffen Strippen
Um ein Loch im Pflaster wippen,
Wehren meinem Eigensinn.
Aber weder Sumpf noch Schranke
Schreckt mich heute. Und ich wanke
Zu besagtem Fenster hin.

Durch die Gitterladenritzen
Seh ich einen Kahlkopf sitzen,
Tränenfeucht das Haupt gesenkt.
Zenon ists, mein alter Lehrer,
Der in Bitternis, in schwerer,
Seines besten Schülers denkt.

AUS DER WEISHEIT DES BONZEN

Yan und Yin,
Ran und rin.

IV

PROLOG ZU ORPHEUS IN DER UNTERWELT

Orpheus, Prinz, Musensohn und Sänger,
Lebt mit Eurydike als seinem Weib,
Im Körper welcher Ehe sie den Leib,
Er den Verstand vertritt. Es geht nicht enger.
Die trennen wäre, wie wenn Fleisch und Geist
Ein Höllenschicksal aus einander reißt.

Doch, Mensch, gedenke: Unter deinen Sohlen
Ist überall die Unterwelt zugegen.
Auf deinen ältesten und liebsten Wegen
Kann sie sich immer auftun und dich holen.
Eurydike, kurz nach den Flitterwochen
Wird sie von Plutos Schlange abgestochen.

Anhebt nun eine von den großen Sagen.
Nicht daß Eurydike zum Orkus fährt,
Daß Orpheus hinterhergeht, ist in Tagen
Wie diesen unseren berichtenswert.
Der Gatte folgt der Gattin in die Grube
Und tritt dem Widersacher in die Stube.

Fremd lebend unter fremden Teufeln,
Vernimmt die Frau das liebe Lied.
Glück dehnt das Herz. Die Freudentränen träufeln.
Es dauert manchmal lang, bis man sich wiedersieht.
Sie fällt ihm an den Busen, frei von Reue.
Ein Hochgesang der ehelichen Treue.

Die Tonkunst Offenbachs, das hört ein Jeder,
Führt bei besagtem Hochgesang die Feder.
Doch wird das Ganze mehr als nur ein Jux.
Wir wandeln ernstlich in den Spuren Glucks.
Mein Urwort drauf. Die Wende kann sich wenden.
Was schlecht begann, es muß ja nicht schlecht enden.

MOZART AUF DER REISE NACH PARIS

Lieber Mozart, ich bin froh,
Etwas für Sie tun zu können,
Die Duchesse will von Chabot
Ihnen einen Abend gönnen.
Sie ist klug und hat ein Ohr,
Spieln Sie ihr was Schönes vor.
　Die Chabot, sagte Grimm,
　Sie ist wirklich nicht so schlimm
　Wie die andern reichen Krähen,
　Die so gar nichts von Musik verstehen.

Ach, ich ginge gar nicht hin,
Wäre nicht der Scheiß der Schulden.
Wer ist diese Herzogin?
Der Fiaker nimmt vier Gulden.
Und man spielt sich dumm und tot
Für ein kaltes Abendbrot.
　Aber gut, lieber Grimm,
　Wenn dir einer gibt, dann nimm.
　Gut, gut, gut, wir werden sehen,
　Was Frau Durchlaucht von Musik verstehen.

Von perlmuttnen Brüsten her
Sprühte Diamantenfeuer.
Leider, der Kamin war leer,
Auch der Flügel war kein neuer.
Schrecklich knarrte das Pedal
In dem ungeheizten Saal.

  – Sähen Sie, lieber Grimm,
  Diese nackten Weiber im
  Kreise um den Whisttisch thronen,
  Spieln mal Sie die Fischer-Variationen!

Hams kein besseres Klavier?
No, dann spiel i eben hier.
Hams net zwoa, drei Buchenscheiter?
No, dann spiel i eben weiter.
Meine Finger san so klamm
Krieg kaum a Oktavn zsamm.
  Glaubn das Sie, lieber Grimm,
  Daß i hier den Ruhm erklimm?
  Und der Dank für die Tortur?
  Eine goldne Taschenuhr.

Dieser Motzert oder so,
Der, den Sie mir neulich schickten,
Der gehört, sprach die Chabot,
Wieder zu den ganz Verrückten.
Er ist fabelhaft begabt,
Aber hat den Bock gehabt.
  Kunst ist Kunst, lieber Grimm,
  Doch die Künstler, die sind schlimm,
  Die den Preis von einer Uhr nicht sehen
  Und so gar nichts von dem Publikum verstehen.

DER STERBENDE SÄNGER

Als Preußen, Rußland und Österreich
Gegen Frankreich und Deutschland stritten,
Da ist ein Jüngling, schwarzlockig und bleich,
Mit in den Tod geritten.
Laßt Mutter, Braut und Geliebte zurück! –
So hatte er gedichtet
Im »Josef Heydrich«. Ein schönes Stück
Und stark gegen Frankreich gerichtet.

Und wie er lag ins Moos gerafft,
Da traten starr und geisterhaft
Vors Aug ihm hin, das brechende,
Drei Frauen, sichtbar sprechende.

Die Mutter sprach: O Theodor,
In dir wuchs uns ein Gott empor.
Der Vater zahlte die Verleger.
Was willst du bloß als Schwarzer Jäger?
Nichts ist, das dich zu Preußen zwingt,
Du bist ein Wiener aus Dresden.
Man tut nicht alles, was man singt.
Der Tod, der tut am wehsten.

Die Zeit war knapp, das Bild entschwand,
Die Braut Antonie vor ihm stand.

Die Toni sprach, die schöne Braut:
Noch ist nicht unser Haus gebaut,
Fort aus der Ringstraße in Wien
Kann nur ein Narr zum Lützow fliehn.
Bleib, mein Verlobter. Bleib und schreib
Mir weiter schöne Rollen,
Ich spiel dir jedes Heldenweib
Auch vor der Burg, der vollen.

Dann gab mit einem Bühnenfluche
Sie Platz dem dritten Nachtbesuche.

Die Frau Bankier Pereira sprach:
Napoleon, das ist die Schmach.
Der Völkervogt, es hassen ihn
Die Israelitinnen von Wien.
Die Fanny Arnstein spendet Geld,
Die Rahel hat sich beigesellt.
Wir sind nicht blond, doch blond und licht
Sind unsre Seelen. Unsre Pflicht
Ist euer Mut. So fühlen es
Sogar die Damen Eskeles.
Drum wenn du mich liebst wie ich dich,
Sei tapfer und verlasse mich.
Nimm dieses Buch zum Liebespfand.
Die Leier stickt mit eigner Hand
Ich in die grüne Seide. Du
Zieh hin und füg das Schwert hinzu.

Sie sprach noch viel im selben Ton,
Die zarte Henriette.
Des Sängers Geist war längst entflohn,
Da stand die Halluzination
Noch redend an der Stätte.

Von Gadebusch zog gen Schwerin
Ein Sarg unter Trommelschlägen.
Zwei Eichen rauschen bei Wöbbelin,
Dort ist sein Grab gelegen.
Ihr schönen Wiener Jüdinnen,
Ihr ließt ihm keine Ruh.
Und hätt doch können werden
Ein zweiter Kotzebue.

Der kaiserlich-königliche Hoftheaterdichter Theodor Körner kam am 26. August 1813 ums Leben. Das Zitat heißt wörtlich: »Laßt Vater und Mutter, Weib und Kind, Freund und Geliebte entschlossen zurück«. – Arnstein, Pereira, Eskeles: Wiener Bankiers. Damen spielten im Kampf gegen Napoleon eine große Rolle; gegenbonapartistische Propagandanester europäischen Ausmaßes waren die Salons der Germaine Staël in Coppet, der Luise Radziwill in Berlin und der Franziska Arnstein in Wien.

DER HEINE AUF DEM WEINBERGSWEG

Der Heine auf dem Weinbergsweg
Hat einen goldnen Zeh
Und einen goldnen Daumen.
Der Zeh tut ihm nicht weh.

Die Kinder, wenn sie steigen
Aufs Knie dem Dichtersmann,
Fassen sie erst die Zehe
Und dann den Daumen an.

O deutsches Volk, erobere
Dir deiner Meister Knie.
Dann wetzt du ab die Patina
Vom Gold der Poesie.

DER GEISTERGEBURTSTAG

Vorm Bühneneingang her und hin
Bin ich einmal gegangen,
Man soll von einer Künstlerin
Nicht Pünktlichkeit verlangen.
Ich schlenderte und roch mit Lust
Den mitternächtlichen August
Und kam im Unversehen
Vor einem Haus zu stehen.

Ein schönes Haus, so klassisch treu
So einfältig erlesen,
Es ist gewiß wohl einmal neu
Und dennoch schön gewesen.
Die Tür war auf. Der Hausflur klang
Durchtönt von Männerchorgesang,
Ein Herr hat mich gebeten,
Gefälligst einzutreten.

– Wer ist, der hier noch singt so spat,
Der Kreis fidel und kregel?
– Wir feiern den Geburtstag grad
Von dem Professor Hegel.
Ich bin der Dichter Raupach. Ich
Vernehm ja, daß Sie über mich
Sehr nett geschrieben haben.
Salut am Kupfergraben.

Doch still, der Alte! – (Ich berichts,
Weil es nicht ohne Reiz war):
Er selbst, sprach Hegel, geh ins Nichts,
Die Jugend folg. Es sei zwar
Die heutge Jugend blöd wie nie,
Doch sei, daß ausgerechnet die
Des Fortschritts Werk verrichte,
Der Witz der Weltgeschichte.

Da schlug es zwölf. Und stracks erhob
Die Runde sich, die frohe.
Jetzt fordert, rief man, unser Lob
Der andre Zeitheroe.
Am Rand jetzt zwischen Tag und Tag
Begehen wir auf einen Schlag
Die göttergleich Erhöhten,
Hegeln zugleich mit Goethen.

Ich auch trank auf den Anlaß viel,
Ein volles Glas Burgunder,
Und sprach zu Raupach: Mein Vergil,
Sprach ich, es nimmt mich wunder,
Daß Sie nach all den Jahren hier
Bei Scherz und Lied, bei Punsch und Bier
Als Gaukelwerk sich regen. –
Er sprach: Unter Kollegen,

Uns wieder wundert, daß Sie, ein
Lebendger, uns beehren,
Wir glaubten, daß nur wir allein
Der Nachricht teilhaft wären,
Wer, seit man teutsche Männer findt,
Von denen die zwei größten sind,
Wer erst kommt und wer dann kommt,
Kurzum, auf wen es ankommt.

Der FW III zum Beispiel hat
In ziemlich rüden Noten
Der Presse die Berichterstat-
tung über uns verboten.
Auch in der Macht ja wohnt Idee,
Wir übersehn nicht, daß die Spree,
Die hier so still vorbeifließt,
In Richtung Stadtvogtei fließt.

Daher, solang nicht breit genug
Geteilt wird unser Denken,
Muß sich auf balladesken Spuk
Die Weltvernunft beschränken.
Und bis er sich nicht frisch erweist
Im Volksgemüt, behält der Geist
Etwas Gespensterhaftes.
Ich hoff, die Menschheit schafft es.

Drauf ich: Ich seh die Sache doch
Nicht so durchaus verpfuscht noch,
Die Zeitung zwar schweigt immer noch,
Und meine Liebste duscht noch,
Doch grade von dem Goethe wie
Sogar vom Hegel heget sie
Als geistige Erscheinung
Die allerhöchste Meinung.

So zählten wir schon zwei bereits;
Will mich auch gern verbinden,
Der großen Wahrheit meinerseits
Noch Anhänger zu finden.
Doch es wird eins und für Sie Zeit,
Ich danke für die Gastlichkeit. –
Der Raupach sagte bieder:
Erwähnen Sie mich wieder.

Hegel wohnte Am Kupfergraben 4 a. Hegels Geburtstag war der 27. August, Goethes der 28. August. Die »Zusammenfeier« beider Ehrentage wurde von Hegel und seinen Freunden am 27. August 1826 veranstaltet – übrigens, wie hier zum entschiedenen Nachteil der Wirklichkeit festgestellt werden muß, nicht in Hegels Wohnung, sondern in den Beyermannschen Festsälen Unter den Linden. Hegels Rede ist treu wiedergegeben. FW III ist Friedrich Wilhelm der Dritte. Das Berichterstattungsverbot an die Oberzensurbehörde erging in Wahrheit erst nach dem Ereignis, auf Grund des Berichts der Vossischen Zeitung über dasselbe. – Stadtvogtei: das Gefängnis. »Salut«, gesprochen »Salüh«.

»NEUE GEDICHTE«

Wie es bei den Poeten Brauch,
Hat sich für Heinrich Heine auch
Ein Mal in seinem Erdenleben
Ein Treffen mit seiner Muse ergeben.

Ein milder Vorfrühlingsabend wars.
Im gleißenden Gaslicht des Boulevards
Enthüllten Damen von äußerster Süße
Ihre rosigen Strümpfe und niedlichen Füße.

Die Muse, sie trippelt so her und hin
Am Café de Paris als Nachtschwärmerin
Auf silbernen Atlasstiefelettchen.
War noch nicht lange aus dem Bettchen.

Mein schönes Kind, sprach der kecke Flaneur,
Wie viel darf ich Ihnen als Douceur
Mit allem Respekt ins Strumpfband schieben?
Ich bin entschlossen, Sie zu lieben.

Mein schöner Herr, sprach die Muse sehr fein,
Von Geld zwischen uns muß die Rede nicht sein.
– Zu gütig, doch kann ich, das ist das Fatale,
Nicht lieben, wo ich nicht bezahle.

– So schüchtern? Dann seis. Wen für Gold ich beglück,
Der gibt für gewöhnlich ein Zwanzigfrankstück.
– Das ist kein Betrag für ein einziges Küßchen.
Aber hören Sie zu, ich bin blank just ein bißchen.

Doch die zwanzig leih ich mir noch heut Nacht.
Herr Musset hat das schnell ins Reine gebracht.
Auch an Herrn Sue und Herrn Liszt ja wäre
Zu denken oder Herrn Dumas Père.

Sind verläßliche Freunde. Oder käms
Zum Schlimmsten, bleibt mir der Baron James.
Find ich Sie dann an diesem Orte?
– Mein reizender Dichter, wir sind im Worte.

Er küßt ihr zum Abschied das Handgelenk
Überm Handschuh, es klimpert ihr Armgehenk.
Noch nie entschwebte ein apartres
Gesäß im Dämmer des Montmartres.

* * *

Wir wissen nicht zu bezeugen, ob sie
Sich wiedersahn am Café de Paris.
Doch neun Monde später in einem Bette
Des Viertels Notre-Dame de Lorette

Ist eine Person, ledig, ohne Erwerb,
Eine sichre Mademoiselle Euterpe,
Eines kräftigen Bands von vier Büchern genesen.
Das ist im Herbst 44 gewesen.

Der Baron James ist Rothschild.

LOLA UND LUDWIG

Sie saß auf seinem Lederknie
Und spielte ihm im Barte,
Die Oberlippe wölbte sie,
Die maurisch leicht behaarte,
Zum sanften Kusse ihm hinan,
Ihr Aug, das irisch blaue,
Es sprach: Du bist der erste Mann,
Dem ich mein Herz vertraue.

Da klirrts, da splitterts. Ein Rumor
Von außerhalb des Tores.
– Mein liebster Ludwig, was geht vor?
– Das Schicksal zürnt, Dolores.
Das Schicksal zürnt. Es murrt und knurrt
Und wirft mir ein die Scheiben.
Erfüllung, die dem Alter wurd,
Hat wohl kein Recht zu bleiben.

Ja, ich bin alt, und du bist kalt,
Uns peinigt kein Verlangen.
Der Erdenmensch kann dergestalt
Schon Himmelsglück empfangen.
Die Liebe edlerer Natur,
Vom Drang erlöst der Sinnen,
Man findet sie bei Greisen nur
Und bei Tänzerinnen.

– Wer aber wirft die Scheiben ein?
– Ach, Kind, man kann nur raten.

Es können die Jesuiten sein,
Doch auch die Demokraten.
Die Roten und die Schwarzen sind
Sich eins zum jetzgen Zeitpunkt,
Denn über dich und mich, mein Kind,
Besteht ja gar kein Streitpunkt.

Sie lieben selbst wie Hund und Sau,
Die Weiber, die sie haben,
Sind ungewaschen, und picklig rauh
Die Hintern der Meßknaben.
Die Roten oder Schwarzen sinds,
Die uns die Wonne neiden.
’s gilt nicht der Kunst, ’s gilt nicht dem Prinz,
Es gilt gewiß uns beiden. –

Sie hielten sich erschrocken fest
Und saßen Haupt an Haupt gepreßt
Und saßen stumm und lange,
Die schöne Frau, der alte Mann,
Und eine welke Träne rann
Über ihre rote Wange.

Das Volk der Baiern trennte voll Hohn
Das keusche Seelenerlebnis.
So blieb die deutsche Revolution
Doch nicht ganz ohne Ergebnis.

Also Maria Dolores Elisa Rosina Guilbert, genannt Lola Montez, und König Ludwig I von Bayern. – Die Februarrevolution in Paris und die Schließung der Münchener Universität wegen jesuitischer Studentenumtriebe führten zu Emeuten im Februar 1848 und zu Ludwigs Abdankung im März.

PILGERREISE NACH BARGFELD

Das reiche Dorf, beschaulich und behäbig,
Hat seine Slums. Das ich zu sehn verlange,
Das Schmidtsche Hüttchen, unvorstellbar schäbig
Hockt es, nah dem Verfall, am Ortsausgange

Im Zwergengarten, schauderhaft umstanden
Mit gottbewahrmich Tannen. Überdies
Ist von Zement ein Bunkerchen vorhanden.
Zum Glück, die Wohnung stört nicht des Genies.

Denn vor dem Schandfleck ragt, gefügt aus Klinkern,
Ein niedersächsisch festes Bauernhaus,
Mit Schmocks bevölkert, Wichtigtuern, Trinkern.
Die *Stiftung* ist der Inhaber des Baus.
Dem Original der Mangel und die Ehren.
Das Wohlleben gehört dem Sekundären.

DIE ELBE

An kalten Kühn, die sich die Mäuler wischen,
An grauen Laken, die der Nebel sponn,
Entlang, kurzum, an Deutschland, wälzt sich zwischen
Dömitz und Boizenburg der Acheron.
Die schwarzen Wasser säumt ein Hain von Rüben.
Und drüben, was ist dort? Es gibt kein Drüben.

Denn wohl hat eigne Sitte jedes Land
Als Muster sich des eignen Zwecks gegeben,
Doch endet hier an dem geböschten Rand
Gesittung selbst. Diesseits nur geht zu leben.
Und mit mehr Wohllaut knarren hier die Kröten,
Als überm Fluß die Nachtigallen flöten.

Dort, rauchend in unabsehbarer Länge,
Dehnt sich das asphodelische Gefild.
Von laschen Leuten lustlos ein Gedränge.
Und welche Leere doch in all der Enge.
Der Lärm, der wie von Fledermäusen schrillt,
Enthält nichts Herzliches und nichts, was gilt.

Bei den Dionysos geweihten Spielen,
Wo drei Poeten, höchste Mittel wählend,
Drei volle Tage nach der Palme zielen,
Ist ein Tag leer und ist ein Dichter fehlend.
Er wiegt nicht mehr seit seinem Übergange
Ins Schattenreich, der schön beredte Lange.

Warum, o Freund, hat Charon, dessen Geiz
Ganz Frankfurt kennt, dich nie nach Lohn gefragt
Und doch so willig dir den Kahn gestakt
Nach jenem wesenlosen Andrerseits,
Von wo du, dir die Rückkehr zu erringen,
Schon Herakles sein mußt, nicht nur ihn singen?

Ach, Söhne ihr des Vaterlandes! Immer
Umhegt, betreut, geschützt vor allem Rauhen,
Zu spät entwöhnt, zu selten was zu kauen,
Und stets der Kachelofen in dem Zimmer –
So dämmert ihr heran im Warmen, Stillen,
Gleich weit entfernt von Schuld wie von Bazillen.

Dann kommt, und läßt euch für den Vorschuß büßen,
Da ihr noch bärtig an der Amme hangt,
Der Sturm, der etwas Festigkeit verlangt.
Dann steht ihr da auf unversuchten Füßen.
Ein leichter West bereits fällt solche Knaben,
Insonders wenn sie große Ohren haben.

Ja, dieser kleine, segelohrige Dieb,
Der keine Lehre annimmt, aber jeden
Gedanken klaut, der Schulden zahlt mit Reden
Und hat nur den, den er belöffelt, lieb,
Der größte Hätschelhans in deutschen Landen,
Das Großmaul Lange hat sehr kurz gestanden.

Im Abend sah er die Paläste ragen
Des Hades, wo Geld vorgibt, Geld zu hecken.
Der scheußlichste, rief er entzückt, der Schrecken
Ist auch der ehrlichste! – Tor, laß dir sagen:
Ein Weilchen nur bleib bei Geduld und häuslich.
Es braucht nicht viel, dann ist es hier auch scheußlich.

Wenn erst die Anspruchslosen jeder Richtung,
Das Zwergenmaß in Wirtschaft und Partei,
Mit einem einzig letzten Feind, der Dichtung,
Sich einig werden, wie zu leben sei,
Entsteht bei uns, auf andre Art, dasselbe
Zweckmäßig triste Reich wie links der Elbe.

Starrsinn machet den Dichter. Seinem Munde
Ist das allein, was er im Tiefsten glaubt,
In eigner Form zu sagen nur erlaubt.
Die Tugend Starrsinn richtet ihn zugrunde.
Denn nicht muß wahr sein, was verboten wird,
Und auch Bekenner haben sich geirrt.

Weh, daß du, Genius, den Auserwählten,
Den du berührst, nur am Talent erhöhst!
Dichter und Mensch: ein Zufall, doppelt selten.
Meist hat, was hochfliegt, sich vom Rest gelöst.
Und unhinlänglich, dünkt mich, ist verwandelt,
Der wie Apoll fühlt und wie Lange handelt.

Ihr aber, die ihr froh seid, ihn zu missen,
Wollet nicht irren. Dieser Wichtigmacher
War wichtiger als seine Widersacher.
Was dieser Schwätzer wußte, lohnt zu wissen.
Musen, hochortliche, begreift und jammert.
Die Wunde schwärt. Der Schnitt wird nie geklammert.

Des Gottes dritter Tag bleibt unbespielt,
Die Szene ärmer und die Sprache kleiner.
Der Narr, der sich für unersetzlich hielt,
Hat nur in Wahrheit seinen Wert gefühlt:
Er ists. Doch ja, ihr Biedern. Manchmal einer
Ist unersetzlich. Unentbehrlich keiner.

ESCHES MAUER

Esche, von Erfahrnem sauer,
Esche baut sich eine Mauer.
Manchem wird die Wallanlage
Mit der Zeit zur Kostenfrage,
Nicht so ihm. Nicht am Cashe,
Nicht am Baren scheitert Esche.
Esche, anders als die Meisten,
Kann sich eine Mauer leisten.

Ungeheure Fundamente
Schütten läßt der eminente
Esche, um die Feldsteinbrocken
Ganz cyclopisch aufzustocken,
Daß ihm Schutz und Zuflucht biet
Megalith um Megalith.
Schließlich hat er das Projekt
Noch mit Schindeln abgedeckt.
Ihn enthebt Befestigung
Jeglicher Belästigung.
Nicht die allerkleinste Bresche
In der Mauer duldet Esche.

Wie lebt Esche als Erbauer
Jener vorgedachten Mauer?
Etwa bei extremen Hitzen,
Die nicht Jeder überdauert,
Finden wir ihn wohlummauert
In dem Mauerschatten sitzen.

Kurz, mit dieser Mauer baut
Esche eine zweite Haut,
Daß zu innerstem Gelände
Kein Verwegner Zugang fände.
Es genießt der Mauerbauer
Esche seine Mauer-Power,
Seines Werts und Daseins froh,
Dort in Kraatz bei Buberow.

V

MÄRKISCHE WIESEN

Sie sind die Art von Wiesen nicht, die locken
Wie Himmels-Aun, die Wiesen in der Mark.
Das Gras ist schütter und die Krume trocken,
Nicht jedes wächst hier, und was wächst, wächst karg.
Blaßgelbe Blumen stehn an seltnen Stellen.
Der wiederkehrt, kennt sie als Immortellen.

Sie war ein Kind des Havellands, Adele,
Mit Weiheraugen und mit Heidehaar.
Ich schwör, sie hatte Sand in ihrer Seele,
Bis sie ein wenig ausgeschüttelt war.
Ich nahm sie auf mich, fast wie eine Bürde.
Ich wußte nicht, daß ich sie lieben würde.

Sie sind die Art von Wiesen nicht, die locken
Wie Himmels-Aun, die Wiesen in der Mark.
Doch mischt sich Abend in die Wollgrasflocken
Mit seiner Feuchte, strömt ihr Duft sehr stark.
Das von der Mark und von den Märkerinnen.
Man muß die Reize ihnen abgewinnen.

DER ODER-HAVEL-KANAL

Erfand man seinethalb das Breitwandkino?
Der zieht und zieht sich, Wasser und Granit.
Ein leerer Pole tackert Richtung Finow.
Gewisse Eichen schwinden zögernd mit.

Häßliche Eichen: blatt- und kostenlose.
Ich kenne bessre. Diese sind die hier.
Ich bin recht wohl in meiner Streusanddose.
Ich dank euch, Jutrbog und Bjelbog, ihr

Verschontet mich mit Alpen. Flach geschrägt
Wirft eine kurze Böschung schmale Schatten.
Das Ganze hält sich im vernünftig Platten.
Er flutet grau und völlig unerregt.
Am Horizont bewegt sich Kuh an Kuh.
Die Furchen eilen einem Fluchtpunkt zu.

KÖNIGSKERZE

Königskerze stand im Haber
Wie ein Bronzekandelaber,
Sieben Arme reich verziert,
Schwärzlich grünlich patiniert.

Leuchtete mit gelben Blüten,
Die wie gelbe Flämmlein glühten,
Blätter schmückten rings ihr Bein,
Unten groß und oben klein.

Sprach die Frau des Ziegenbockes:
Dieses Ding hat was Barockes.
Ob ich heut noch Essen kriege,
Sprach der Bock zu seiner Ziege.

DER BULLE

Er schirmt den After, und er wahrt die Augen,
Den mit dem Wedel, diese mit den Ohren.
Natur hat Bremsen, um an ihm zu saugen,
Ihn wieder, um sie abzutun, geboren.

Anstatt des Grases frißt er, das er soll,
Den Apfelbaum, an den man ihn gekettet.
Er malmt und schadet, tiefen Friedens voll.
Zum Hemiglob schon ist der Baum geglättet.

Ich lieb es sehr, den Bullen zu betrachten
Mit seinen seelenlosen schönen Mienen.
Was immer ist, muß meiner Liebe dienen.
Du wirst mich küssen, und ihn wird man schlachten.
Die weite Wiese, heiß und ungemäht.
Ein Himmel, woran sehr viel Sonne steht.

ZWEI WÄLDER

Stehen zwei Wälder,
Bilden ein Tor,
Öffnen mir Felder,
Wiesen und Moor.
Feld, Moor und Wiesen
Sind, wo ich bin.
Warum zu diesen
Zieht es mich hin?

Hab, mich zu plagen,
Weiter nicht Lust,
Viel hundert Fragen
Hab ich gewußt,
Viel hundert Frauen
Nahm ich mir her,
Bin nicht zu schauen
Neugierig mehr.

Wälder, was ladet
Ihr mein Bemühn
Fort ins umschwadet
Mattere Grün?
Hab nichts verloren,
Was dort auch sei.
Kann doch an Toren
Nimmer vorbei.

WECHSEL

Zwischen den Äckern im Sommer der räderzerrüttete Sandpfad.
Aber wie anders im Herbst. Eingebracht ist das Korn,
Und es belebt die gewaltsam umbrochne staubige Fläche
Nur des geduldeten Pfads halmreich befestigte Spur.
Viele Jahrzeiten nämlich – ich kann sie alle nicht leiden –
Bilden das volle Jahr, jede mit einigem Recht,
Und man bequeme sich also, dem Wetter entsprechend zu hoffen.
Manchmal grünet das Ziel, manchmal dann wieder der Weg.

SÜSSER ERNST

Monde kamen, entschwanden. Zwei Mal um die Achse der Erde
Nun im Weltenraum schon drehete Brandenburg sich.
Und wir begehrten uns noch und waren einander ergeben.
Und noch flaute nicht ab, was vor zwei Tagen begann.
Alle Knochen des Hirns und alle Gelenke der Seele
Schmolzen und hatten den Punkt süßesten Ernstes erreicht,
Wo der Liebe Bewegungen langsam und notwendig werden
Wie die Umwälzungen droben des Sternengewölbs.
Von der niedrigen Decke hingen gedorrete Rosen,
Blumenheu. Unverblüht strömte es staubigen Duft.
Nachts ging, und Tags, der Nachtigall rege gemurmeltes Schluchzen.
Nicht verrinnt uns die Zeit, sondern sie findet nicht statt.

TROCKNE SCHÖPFUNG

An den Birken hängt jeder Zweig. Sie gedeihn in verdrossener
Anmut sehr schnell. Überall zipfelt der Ginster und ragt
Aschendüster und ruppig, der Winter war wieder ein kalter;
Lindgrün immerhin treibts zwischen den Reisern heraus.
Wieder andre Schatten werfen Eichen und Weiden.
Über das gelbe Gras oder das knirschende Moos,
Das bei silbernen Flechten im regengehämmerten Sand steht,
Fallen sie mittäglich knapp. Hier von Lerchen ein Volk
Übt, und da, den Humpelflug. Dort sitzt der weinende Vogel
Bussard auf einem Klotz kräftig gebündelten Strohs.
So mit Gewinn beschau ich die hasenbergende Heide
Von einem Findelstein heitern Gemütes herab,
Und wie der Spatz im gescharrten Trichter am Fuß des Wacholders
Trocken sich reinigt, in ihr gönnt sich ein Sandbad mein Aug.
Schätz ich dich, trockne Schöpfung, zu hoch? Freud aus Östreich versichert,
Daß wir den Gegenstand stets überschätzen der Lust.
Aber mit Tatsachen dien ich. Jedes, ich schwörs, deiner Brüstchen,
Trocknes Geschöpf, für sich wiegt seine einhundert Gramm.

KIEFERN UND ROSEN

Kiefern stehen, Rosen blühen
In dem weißen Heidesand.
Von der Liebe großen Mühen
Hab ich mich hierher gewandt.

Unter Kiefern, zwischen Rosen
Lieg ich ganz bei mir allein.
Seligstes von allen Losen,
Einsam und geliebt zu sein.

Glühn im Herd die Kiefernscheiter
Und der Rosenstock am End,
Kehr ich heim und liebe weiter,
Bis auch mich das Glück verbrennt.

HEIDELIED

Hab ein Häuschen an der Spree,
Eines in der Heide.
Eins, wenn ich zu Cäsar geh,
Eins, wenn ich ihn meide.
Wunderschön an seinem Rand
Ist mein deutsches Vaterland.

Hab ein Liebchen an der Spree,
Keines in der Heide.
Wenn ich ihr den Rücken dreh,
Heißt das nicht: ich scheide.
Aber schön an seinem Rand
Ist mein deutsches Vaterland.

Beide lieb ich treu und zäh
Und verlasse beide,
Daß durch übergroße Näh
Nicht mein Lieben leide.
Ach wie schön an seinem Rand
Ist mein deutsches Vaterland.

VI

DER KURFÜRST UND SEIN LIEDERMACHER

Der große Kurfürst hielt im Schloß
Zu Kleve Rat, und ihn verdroß,
Was er vernahm, gar balde.
Am Sprengel von Sankt Nikolai
Ein Liedermacher tätig sei,
Gerhardt aus Mittenwalde.

Ein Calvinist das ist kein Christ,
Und wenn er selbst ein Kurfürst ist!
So lehrt der seine Frommen.
– Entlassen wird der Diakon.
Was kann aus Mittenwalde schon
Begrüßenswertes kommen?

Entlassen, ha! Ein Meer von Weh
Gießt sich herüber von der Spree,
Ein Ozean von Nücken.
Der harte Mann, der Erztyrann,
Jetzt faßt er unsern Gerhardt an,
Will uns Berliner drücken.

Der Kurfürst schickt in seine Stadt,
Wie sehr man ihn mißdeutet hat.
Die Sache ist erledigt.
Ich will doch nur, potz sapperment,
Daß er mich keinen Unchrist nennt,
Besonders in der Predigt.

Kein Unchrist, ha! Der Landesherr
Verbietet einen Lyriker,
Den Gerhardt tut er knechten.
Es tiriliert so hell und frei
Die Lerche von Sankt Nikolai
In Unschuld und in Prächten.

Mit Lichtern in dem Kirchentor
Tritt Hand in Hand der Pöbel vor,
Die Stände und Gewerke.
Sie wachen, mahnen. Ihnen droht
Fast ganz gewiß der Martertod.
Doch Gott gibt ihnen Stärke.

– Was schiert mich, was die Lerche girrt?
Nur das Gezänk der Kanzel wird
Er müssen lassen bleiben.
Ob reformiert, ob lutherisch,
Wir speisen all an Jesu Tisch,
Das soll er unterschreiben.

Der Gerhardt sendet das Papier
An Universitäten vier,
Ganz Deutschland muß mitreden,
Ob, wer desgleichen unterschreibt,
Noch in dem Stand der Gnade bleibt.
Anheben schrill die Fehden.

Sehr rasch erscheint ein Sekretär:
Der Kurfürst ist besänftigt, er
Läßt volle Gnade walten.
Er hofft auch ohne Unterschrift,
Daß Sie vielleicht, was das betrifft,
Ein wenig stiller halten.

Stillhalten, ha! Der Gerhardt tunkt
Die Feder ein. An diesem Punkt
Tritt er, schreibt er, zurücke.
Erkennen möge der Despot,
Daß sich ein Christ in Seelennot
Vor keinem Teufel bücke.

Er schlurft noch lange durch Berlin.
Er lallt uns seine Melodien,
Die wir nach Freiheit dürsten,
Vom guten und gerechten Gott,
Von seiner Widersacher Rott,
Vom Zorn der großen Fürsten.

Die Abdankung Paul Gerhardts aus Protest gegen Friedrich Wilhelms Toleranzpatent erfolgte ebenfalls 1667.

JAGDAUSFLUG NACH GROSS MACHNOW

Vorm schiefen Schloß zu Wusterhausen
Regt sich ein munteres Gewimmel.
Piköre hin und wieder sausen.
Die Füchse schnauben und die Schimmel.
Die Hunde an den Leinen zerren.
Prinzessen vom Balkone plärren.
Im Frührauch bricht, bevor es tagt,
Der König auf zur Rebhuhnjagd.

Erst reiten sie in leichtem Trotte,
Die wohlbeleibten Kavaliere,
Auf einem Uferpfad der Notte
Bis Mittenwalde. Für die Tiere
Gilts hier nur mehr, von alten Linden
Die Landchaussee zu überwinden,
Die zu Groß Machnows Pürschgebiet
Sich und zumal dem Weinberg zieht.

Die Sonne ist hervorgebrochen.
Der Morgennebel ist gewichen.
Kalt spürt und leuchtend wie versprochen
Den Tag man, den septemberlichen.
Durch Wälder gehts und grüne Heiden,
Fort zwischen kuhbestandnen Weiden.
Der Landesvater blickt vergnügt
Auf Äcker, braun und tief gepflügt.

Im Rebenhügel an der Fenne
Führt unter einem Dach von Reben
Die putzig bunte Kugelhenne
Ihr stillverstecktes Rebhuhnleben.
Sie scharrt, sie gurrt. Um sich zu nähren,
Pickt sie nach jenen sauren Beeren,
Aus denen Wein zu keltern, schwer
Als auf dem Teltow denkbar wär.

O Graus. Sie hört ein Hifthorn gellen.
Sie hört die Schar der Treiber rattern.
Sie hört die Wachtelhunde bellen.
Kaum glückts ihr eben aufzuflattern.
Dem König schwillt die Weidmannsader.
Er reißt empor den Vorderlader
Und trifft mit eines Nimrods Kunst
Das Federwild mit Vogeldunst.

Hoch oben bei den Judenkiefern
Ein Schäfer folgt im Talgefilde,
Wo die Chaussee im Grund, dem tiefern,
Sich krümmt, dem farbenfrohen Bilde.
Die Schafe stehen blöd und zittern,
Verdattert wie bei Herbstgewittern.
Der Hütejunge zieht ein Maul:
Ich wollte schier, er fiel vom Gaul.

Ja, ja. Der Schäfer fährt gelassen
An seiner Socke fort zu stricken.
Man muß die Majestät nicht hassen.
Es gibt viel Schlimmre als den Dicken.
Uns Preußen ist nicht leicht regieren.
Laß doch den Mann sich amusieren.
Mich freut, wenn er den Schuß genießt,
Solang er nur auf Hühner schießt.

RASENEISENERZ

Das Wasser aus den Bronnen
In Preußen allerwärts,
Tiefbraun kommt es geronnen
Vom Raseneisenerz.
Das Erz, unter den Soden
Liegt es bei uns im Boden.

Ein Fürst, ein fördersamer
Vom Merkantilsystem,
Erbaute einen Hammer
Im Heidewald. In dem
Gießt man seit all den Jahren
Im Wachsausschmelzverfahren.

Zu Gottow stehn im Staube
Vor der Bürgermeisterei
Mit Schnurrbart und runder Haube
Der eisernen Ritter zwei.
Bekleckern tun die Gänse
Die beiden Eisenhänse.

Doch wenn mit Drohgebärde
Der Feind uns will beirrn,
Die Ritter aus märkischer Erde,
Sie furchen die erzne Stirn.
Sie glotzen mit den Augen.
Sie zeigen, was sie taugen.

Sie ziehn heraus ihr Eisenbein
Und küssen mit Bedacht
Des Bürgermeisters Töchterlein
Und wackeln in die Schlacht.
Am Heer der Radabweiser
Zerschellt so Papst als Kaiser.

Die Frau vor Überraschung
Mag nicht dem Anblick traun,
Ihr färbt bei der Wäschewaschung
Das Spitzenhemd sich braun.
Ich sag: Weib, flenne leiser,
Sonst holn uns Papst und Kaiser.

LOBOSITZER MARSCH

Nun zeigt ins fremde Land
Die Spitze meiner Schuh.
Den Rücken unverwandt
Dreh ich der Heimat zu.
Wir ziehn in deinen Krieg,
Ich und mein Kamerad,
O König von Preußen,
Du großer Potentat.

Durch Nebel heiß und schal,
Durchs Brüllen der Kanon
Führt mich dein Wort zu Tal
Und dreißig Bataillon.
Da hält mit rostger Sens
Der Tod die große Mahd.
O König von Preußen,
Du großer Potentat.

Der Sachsen Land, so reich
An Weltvernunft und Kohln,
Und Schlesien auch sogleich
Soll ich dem König holn.
Was schert uns denn Preußen?
Macht uns denn fett der Sieg?
Wir scheißen, wir scheißen,
Wir scheißen auf den Krieg.

Auf knarrendem Gefährt
Fahr ich jetzt in die Nacht
Und muß von dieser Erd
Und bin aus Erd gemacht.
Und ich bin einer. Und
Es ist um tausend schad.
O König von Preußen,
Du großer Potentat.

POTSDAM

Potsdam, du altes Havelnest,
Neu-Zollern in den Senken,
Ich grüße dich aufs Allerbest,
Will dir ein Liedlein schenken.

War eine Zeit, da ward geschwind
Gefuchtelt und geschossen.
Jedoch der Havelwellen sind
Und Jahre viel verflossen.

Selbst mit dem König Fritz allhie
Wird nicht mehr umgesprungen
Wie früher. Etwa Sanssouci
Ist ihm recht gut gelungen.

Auch Verse kennt man, die er sang.
Voltaire half sie verfassen.
Von mir hat sich mein Leben lang
Kein König helfen lassen.

Das Lustspiel, das ich von ihm schrieb,
War kaum, um ihm zu huldgen.
Ich hatt ihn damals gar nicht lieb.
Jetzt möcht ich mich entschuldgen.

Ich bin ein Bursch aus Österreich.
Der Mann hat mich vereinnahmt
Bei Kesselsdorf. Für jenen Streich
Hab ich ihn bös bebeinamt.

Ich sage nicht, daß ich geirrt.
Die Zeit hat sich gewandelt.
Der Zopfstil beispielsweise wird
Schon ziemlich hoch gehandelt.

Die Mark ist rauh und unfruchtbar,
Nicht reich wie andre Länder,
Und wenn Altpreußen sparsam war,
Sind wir keine Verschwender.

Und wenn Altpreußen nüchtern war,
Sind wir auch keine Narren.
Es läßt sich unterm roten Aar
So stolz als je verharren.

Das deutsche Reich ist ganz verweht.
Wir müssen sonder Brüten
Die sozialistische Libertät
Wie unser Auge hüten.

Wir leben heut und leben hier,
Es leben andre morgen.
Für Deutschlands Einheit lassen wir
Noch Preußen wieder sorgen.

Mein Nuthe-Lakedämon gar,
Auf das zurückzukommen,
Ein junges Preußenweib gebar,
Das ich ins Bett genommen.

Ihr Zug geht um Berlin herum.
Müd steigt sie aus. Mir läge
Schon dran, er ginge minder krumm
Und käm auf gradem Wege.

Sie ist mir gut, sie ist mir treu,
Sie wird mich niemals kränken.
Ich bitte doch, von Potsdam neu
Und ruhiger zu denken.

WILHELM VON HUMBOLDT

Ich tadle nicht, daß wir ihn reparieren.
So viele Tonnen Stein wirft man nicht weg.
Soll er doch sitzen und die Linden zieren
Als weißer Fleck.

Wer gab so Seichtes so in Form der Tiefe!
Wer schuf so qualvoll mit so mattem Glück!
Er schrieb dem Schiller zweimal täglich Briefe
Und der ihm einmal monatlich zurück.

Er dachte unverzagt, was alle dachten.
Er war ein Heros der gelehrten Szene.
Ja, er besaß – Verzeihung, wenn ich gähne –,
Was Professoren für Genie erachten.
Der folgenlose Geist logiert in Tegel.
Die Uni heißt nach ihm und nicht nach Hegel.

GARTENKUNST MÄRKISCH

Auf einem Sockel, der das Maß begründet,
Steht, die Kythare hübsch im Arm, Apoll.
Der kurze Kirschenhintern anmutvoll
Sich überm weiß und dicken Schenkel ründet.

Der Rücken mild, die Schulter ohne Härten,
Die Mädchenhüfte reizend ausgeschwenkt.
Er hat uns Kunst, Kunst hat uns ihn geschenkt.
So wird dem Schönen Wirklichkeit in Gärten.

Am obern Plan, jahraus, jahrein, bewegen
Sich schnelle Trübungen, die ewig dauern
In ihrem Voneinander und Entgegen.
Die hellern sind mehr ferne als die grauern.
Dahinter rennt und sucht nach einem Spalt
Der Sonne Kreisform, sichtbar, aber kalt.

BEI ARNIMS

Das ist die Jahreszeit, für die nichts spricht.
Die Sonne scheint nicht, und es schneit auch nicht.

Man strebt ins Freie, übrigens: wozu?
Im Badezimmer steht der Wetterschuh.

Ein Weib, sagt Achim, das im Bad entbinde,
Gebäre einen Fisch statt einem Kinde.

Und Goethe, sagt er, unterwirft sich hündisch
Dem fremden Joch und fühlt nicht tugendbündisch.

Ich trete durch die Flügeltür ins Nasse.
Feuchte Baluster säumen die Terrasse,

Wo, oft in Schwermut, selten in Gedanken,
Die deutschen Dichter alle Kaffee tranken.

Am Wegrand mein Apoll. So feist und kosig,
Und hat schon wieder eine Hälfte moosig.

Hiernach verliert sich die geharkte Spur
Vorzeitig, wie ich finde, in Natur.

Die beigen Tränen kolossaler Eichen
Liegen am Boden, um ihm bald zu gleichen.

Noch fehlt es in den Kronen am Gesang.
In diesem Lande bleibt kein Vogel lang.

Zwei Stiefel bin ich, die durch Pfützen patschen.
Aus jedem Busch hör ich Bettine quatschen.

ALTE CHARITÉ

So viele Schwestern hatte ich noch nie.
Ich bin im Bett und außer Leibsgefahr.
In meinem Bauchfleisch steckt ein Stück Charpie.
Der Arzt stellt gerne seine Krankheit dar.

Durch hohe Fenster blick ich in den Westen.
Von Osten blick ich und von oben her:
Aus jenem üblen von den deutschen Resten
In den, worin mir noch viel übler wär.

Novemberbäume stehn besonnt und kahl,
Es sind die gleichen hüben oder drüben.
Natur kann weder retten noch betrüben.
Den Möwen ist die Mauer ganz egal.
Aus fernem Dunst taucht rötlich eine Eule.
Es ist die Nike auf der Siegessäule.

SCHWERER HIMMEL

Schwerer Himmel. Mächtig die Wölbung des
Roggens. Und der Oststurm, die Kronen beugt
Seitlich er des Hains. Und ich sage: freut
Des Gewölkes, Eisenerzeuger, euch,
Jeder Unbill freut, euch des Hasses selbst
Der Natur, doch fürchtet die schenkende.
Nämlich Arbeit, stets holt den Vorsprung sie
Ein der Gnade. Lobet das Graue, die
Trübung zwischen euch und dem Glanzesquell.
Nicht zum eignen Eifer verderbt ja seid Ihr,
Unausgezeichnete, Huren doch
Nicht der Sonne. Wünschbar von oben nur
Dünkt mich eins: gemäßigte Gegnerschaft.
All das läßt für Preußen sich sagen. Auch
Von den Mädchen lieb ich die kältern mir.
Nimmer ohne Parasol aber such
Ich die Orte auf, wo man Gunst verteilt.

VII

DIE ÄLTESTE GESCHICHTE DER WELT

Tiamat, ein alter Wasserdrachen,
Dessen Leib von Niedertracht geschwellt war,
Suhlte sich, dies war, bevor die Welt war,
Urallein im grenzenlosen Flachen.
Einst als sie, denn sie war weiblich, da
Warm umspült im Modder saß, geschah,
Daß ihr ungewollt mit einem Stoße
Ein paar Götter fielen aus dem Schoße.

Jener Götter schaffensdurstgem Sinne
Kam natürlich ein, die Welt zu ahnen.
Einer, Anu, sprach: Ich muß was planen.
Und ein andrer, Enki: Ich beginne.
Doch der jüngste, Marduk, wandte ein:
Mutter, fürchte ich, wird böse sein.
Aus des Chaos dunstverhülltem Rande
Braust bereits der Herrin Schlägerbande.

Elfe sinds. Mit aufgerissnem Kiefer,
Gelbe Augen über wulstigen Lippen,
Schuppen schlammfarb auf gedrungenen Rippen,
Elf Stück Wasserungeziefer,
Weil das Ungewordne keinen Schritt
Kampflos ab von seinem Throne tritt.
Rauchend, geifernd durch das Urgekräusel
Wälzet Scheusal sich heran an Scheusal:

Der Skorpionenmensch, ein Mann mit einem Dorn,
Der feuerrote Hund, den Rachen tief gespalten,
Der krause Widderkopf, ein Fisch mit einem Horn,
Der tolle Fischkentaur, ein Tier von zwei Gestalten,
Der Riesenbasilisk, den Leib voll Gift statt Blut,
Der Hyder Siebenhaupt mit Galle in den Venen.
Die Karpfenziege zeigt entschlossnen Kampfesmut.
Der Tiefseemarder dräut mit messerscharfen Zähnen.
Der Stachelflosser naht und wühlt den Gischt zu Schaum.
Die Drachenquappe auch erscheint und peitscht die Wogen.
Der hohe Seefürst füllt so Meers als Himmels Raum.
So, Zornmut schnaubend, kommt das Geisterheer gezogen.

Alle Götter zittern und verzagen.
Keine Bange kennt allein der junge
Riese, Gott und Held. Mit einem Sprunge
Steht er auf der Sturmflut Siegeswagen,
Trifft die Teufel, fällt sie nah und weit,
Und er tritt sie mit dem Hacken breit.
Und sie treiben auf des Urmeers Welle,
Schleimig zuckend, tote Fischabfälle.

Der Skorpionenmensch, wie kraftlos hängt sein Dorn.
Der feuerrote Hund kann nicht sein Wasser halten.
Der krause Widderkopf, zerbrochen klafft sein Horn.
Der tolle Fischkentaur zerbirst in zwei Gestalten.
Der Riesenbasilisk verströmt sein gärend Blut.
Der Hyder siebenfach quillt Schwärze aus den Venen.
Der Karpfenziege ist absonderlich zu Mut.
Dem Tiefseemarder ganz gebricht es nun an Zähnen.
Der Stachelflosser mischt sein Leben in den Schaum.
Die Drachenquappe schwappt wie Unrat in den Wogen.
Der hohe Seefürst füllt zerstückt den Meeresraum.
Der Geister stolzes Heer ist wie zu Nichts verflogen.

Rache fauchend und in Hasses Eile
Hebt nun Tiamat den Leib, den grauen.
Marduk hat sie mit dem Schwert durchhauen.
Marduk haut ihr Innres in zwei Teile.
Aus dem Unterteil der Erde Grund,
Aus dem Rückenteil des Himmels Rund
Schuf er. Und das Jahr, den Mond, die Leute.
Die er schuf, die Welt, gefällt bis heute.

Marduk war der babylonische Zeus. Der Verfasser entschuldigt sich bei den Leserinnen für die Partei, die er nimmt. Tiamat, wenn sie zwar die erste Frau war, aber sie war häßlich.

SCIPIO

Ach! die Republik, der Staat der Meisten,
Ist, bei aller Tugend, hochgebrechlich.
Dauernd kommen welche, die was leisten
Und daraus ein Vorrecht ziehn. Tatsächlich
Ist die Furcht, daß Könige entständen,
Nur in Monarchien abzuwenden.

* * *

Einmal auf Liternums Gutsgelände
Ritt ein niegesehner Gast durchs Tor,
Der Besitzer, sprang vom Pferd behende,
Fordert Bett und Essen und verlor
Kein Wort drüber, blieb. Ein Kerl aus Eisen,
Traf er nie mehr Anstalt abzureisen.

Nein, er freute, wandelnd durch das Weingut,
Sich der herbstlich tiefen Blätterfarben,
Trank auch was aus einem Krug von Steingut
Oder zeigt der Sonne seine Narben.
Scipio war es, den Italien pries
Und voll Dank den Afrikaner hieß.

Jener, der im strahlendsten der Züge
Den Trickgeneral und Schlachtendieb,
Das Geschöpf der Wüste und der Lüge,
Von Roms Pforten in sein Sandland trieb.
Aber als er heimkam von der Tat,
Gab es ein paar Fragen im Senat.

Gut, der Krieg Karthagos ist beendet!
Aber hat er auch die Stadt zertrümmert?
Hat er Puniens Handel abgewendet?
Hat er sich um Abrechnung gekümmert?
Zwar, er hat den Hannibal geschlagen,
Doch verweigert uns die Unterlagen!

Als dem Triumphator nach Minuten
Endlich aufging, was man von ihm wolle,
Da, als träfe man sein Herz mit Ruten,
Stand er sprachlos, wandte sich im Grolle,
Und für ewig floh er aus den Mauern,
Die er rettete, zu seinen Bauern.

Unter einer Gruppe von Platanen
Ließ er sich ein Grab errichten. Hier?
Rief der Grabmetz, fern von Ihren Ahnen?
Richtig, sagte Scipio, doch bei mir.
Und er sprach, befragt, wie er das meine:
Diesem Vaterland nicht meine Beine.

* * *

Ähnlich wieder ein gewisser H.
Eines Tags aus irgendeinem Grund
Legte er den Stift weg, saß nur da,
Fing mit großer Sorgfalt Fliegen und
Sprach, auf neue Werke angesprochen:
Diesem Vaterland nicht meine Knochen.

Publius Cornelius Scipio Africanus major. Er besiegte 202 a. n. Hannibal bei Zama und emigrierte anschließend.

DAS LEICHENKONZIL

Der Beklagte sah nicht wohl aus. Zwar auf seinem Haupt, dem bleichen,
Trug er noch die Bändermütze, jenes höchste Würdenzeichen,
Doch im Saale der Konzilien, wo man ihm so oft gehuldigt,
Saß er jetzt, der Papst Formosus, schlimmer Dinge angeschuldigt.
Neben ihm ein Diakon, ihm als Beistand wohlvereidigt;
Denn die heilge Kirche richtet keinen, den sie nicht verteidigt.
Einen starken Duft verbreitend, struppgen Kinns, die Wangen knöchern,
Starrt der Papst auf die Versammlung, starrt aus hohlen Augenlöchern
Auf die Farbenpracht der Stolen, das Gewog der Kuttenträger,
Auf den sechsten Stephan endlich, seinen Folgepapst und Kläger.
Freilich eine ganze Reihe Kirchenfürsten, unter ihnen
Alle Formosianer, waren Krankheits halber nicht erschienen.

Sprach Papst Stephan: Der du führest Stab und Ring nach deinem Amte,
Weil die heilge Kirche keinen ohne Prüfung je verdammte,
Gibst du zu, daß du entgegen der kanonischen Bestimmung
Deinen Bischofssitz verließest für des Petersstuhls Erklimmung?
– Mein Mandant hat nicht verstanden! rief der biedre Diakon.
Doch Papst Stephan lächelt milde: Bruder, er versteht mich schon.
Hier erhob sich zwischendringend Lambert, Kaiser von Italien:
Welch gelehrte Kleinigkeiten, was für kindische Lappalien,
Warum fragst du nicht den Argen nach der ärgsten seiner Taten,
Wie er Rom, die hohe Feste, an die Deutschen hat verraten?
Scharf sprach Stephan: Im Konzile, wo sich Gott geruht zu zeigen,
Hat die Klugheit dieser Welt, hat der Kaiser selbst zu schweigen.

Und so fuhr er zum Formosus fort mit ruhigem Gebaren:
Ist es wahr, daß du als Hirte der barbarischen Bulgaren
Dieses Land der schlechtbelehrten heidengläubig dumpfen Toren
An die spalterischen Teufel Method und Kyrill verloren?
– Mein Mandant versteht auch diesen Punkt nicht. So der Diakon.
Und Papst Stephan lächelt milde: Bruder, er versteht mich schon.
Und aufsprang zum andern Male Kaiser Lambert von dem Sitze,
Seine braunen Adern schwollen, seine Augen schossen Blitze:
Warum fragst du den Verruchten, statt nach Schul- und Pfaffensünden,
Warum fragst du nicht, weshalb er aus tiroler Alpenschlünden
Jenen kärntnerischen Arnulf ränkevoll gerufen hat
Zu Gemeng und Mauerkampfe in die eigne Vaterstadt?
– Ich ersuche, sagte Stephan, mit Ereifrung aufzuhören
Und den ordentlichen Fortgang des Konziles nicht zu stören.
Aber Lambert schwieg nicht stille. Römer, Konsuln, Senatoren,
Unsrer Erde alte Mitte, unser Rom wird neu geboren,
Wenn im Bunde mit Italien es sich dehnt zum Kaiserreiche,
Daß an Ruhm es dem der Franken oder der Teutonen gleiche.
Wohin ist es durch Formosus mit dem stolzen Rom gekommen?
In die Mörderhand der Deutschen, in den Würgegriff der Frommen!
Hat der Widerstand der Bürger Arnulfs Horden auch vertrieben,
Ist doch des Formosus Anhang und Gesindel hiergeblieben,
Und es schleichen deutsche Spitzel in dem Schatten von Sankt Peter,
Unabsetzbar, heiligmäßig, lauter fromme Hochverräter! –
Schnaufend setzte sich der Kaiser. Sprach sehr ernst Papst Stephan: Hier
Fragt allein die Kirche, jedes weitre Wort verbitt ich mir.

Und sehr gütig zum Formosus: Nicht doch länger, Mensch, verhehle,
Daß du ein Erzketzer seiest, denk an deine ewge Seele,
Sag, wie du dem Satan dienest, sag, wie du den Schöpfer schmähest,
Gleißend ein Gefäß der Lüge, so, du schweigest und gestehest,
Wohl so seien Ring und Krummstab abgetan dir Kirchenschänder
Und die scheußlich angemaßten, die Pontifikalgewänder,
Und drei Finger abgehauen von der Hand mit einem Beile,
Daß kein Höllenabgesandter Gottes Segen mehr erteile,
Und wer je von dir geweiht ward oder von von dir Geweihten,
Hab durchaus verloren seine priesterlichen Eigenheiten,
Außer er erhält sie wieder von uns selbst nach hohem Wissen,
Doch dein Leichnam, in die Tiber sei der stinkende geschmissen. –
Heilger Vater, sagte Lambert, Sie verzeihn, daß ich geschäftig
Ihnen in den Text gefallen, ich bin wirklich schrecklich heftig.
Drauf der Anwalt. Des Formosi Unrecht, rief er, sei erwiesen,
Aber mancher Umstand wieder spräche lebhaft auch für diesen;
Er beschrieb des Teufels Arglist in Zitaten und in Bildern,
Wohlgeeignet, wie er vortrug, auch die schwerste Schuld zu mildern.
Und das allerletzte Wort hatte nun die Vollversammlung.
Endlos tagte im Geheimen bei der Pforten Vollverrammlung
Das Konzil. Die Kardinäle, Presbyter und Ordensbrüder,
Sie bewegten, von Gebeten krafterfüllt, das Für und Wider.
Aber dann mit einer Stimme und in Würdigung der Lage
Billigt man des Papstes Gründe und verfuhr nach seiner Klage.

Eins vielleicht noch nachzutragen wäre hier zu dem Verfahren:
Nämlich daß Formosus tot war, etwa seit dreiviertel Jahren.
Aufgegangen war der Deckel von des Papstes Sarkophage
Lange, eh er sichs versehen, lange vor dem jüngsten Tage,
Und entstiegen war der Leichnam blinzelnd den Gewölbestufen,
Nicht von seinem Heiland, bloß von Polizisten aufgerufen.
Der Prozeß lief, wie Prozesse immer laufen, nach der Norm.
Eben nur des Täters Zustand bleibt ein Fehler in der Form.
Höchst erfolgreich war der Ausgang, etwas drastisch war das Mittel.
Manchmal in der Rechtsgeschichte fehlt das fragliche Kapitel.

Der Papst Formosus starb 896, er wurde vor Gericht gestellt und verurteilt 897. –
Die Herausbildung von Nationalstaaten in Europa entschied sich in hohem Maße während des 10. Jahrhunderts, und tatsächlich gab es, ungefähr seit dem Jahr 900, sogar eine Reihe von Päpsten, welche bereit waren, vaterländische Rücksichten über die vatikanischen zu stellen. Sie begann mit dem Papst Stephan VI und seinem Freund und Nachfolger Sergius III, und sie endete mit Johann XII (963). Das sogenannte »Leichenkonzil« war die Eröffnung dieser, wenn man will prae-guelfischen Politik, welche mit einem kirchengeschichtlichen Fachwort als die »Herrschaft der Schweinerei« bezeichnet wird.

DIE GOLDNE LAUS ZU BISMARK

Die Bürger von Bismark, die saßen beim Bier
In bitterer Weltbetrachtung:
Wir haben das Stadtrecht. Eine Stadt, das sind wir.
Und doch schenkt uns keiner Beachtung.
Was fehlt? Eine Kirche! Die zeigt unsern Rang!
Beschlossen, verkündet. Der Anfang gelang.
Und die Grube ward geschippt
Und das Fundament gekippt,
Schon die Quadern karrt man her,
Und dann war der Säckel leer.

Da kam aus Ülzen des Weges gerollt
Eine Kutsche mit feurigen Speichen.
Ein Fremder stieg aus: Ich leih euch das Gold,
Ihr könnt es später begleichen.
Die Bürger von Bismark nahmens so gern
Und erkannten in ihm den Engel des Herrn.
Ziegel wölbt und Terrakott
Brausend sich empor zu Gott.
Einen Dom, frech wie den,
Hat die Altmark nie gesehn.

Und wie sie zum Hochamt wandeln, voran
Der Propst mit dem räuchernden Fasse,
Da lehnt im Domtor der fremde Mann
Und spricht: Ich bitte zur Kasse.
Und da wurde natürlich allen klar,
Daß der aus der Kutsche der Teufel war.
Nämlich heutzutage Geld

Hat nur mehr die Unterwelt.
Leider dann mit Schnelligkeit
Folgt der Tag der Fälligkeit.

Ich seh schon, sprach jener, ich habe kein Glück
Ihr seid pleite, da hilft ja kein Sülzen.
Doch von Gold eine Laus, die laß ich zurück.
Tats, und entfernt sich gen Ülzen.
Und die Laus und die rennt und mit scharrendem Bein
Ins geheiligte Dämmer der Kirche hinein.
Mitten jetzt in Gottes Haus
Steckt die goldne Teufelslaus,
Und was Wunder, daß man mit
Bangigkeit zum Opfer schritt.

Der Propst dem Heiland das Stichwort gibt.
Da seltsam auf dem Brokate,
Da kommt die Laus gekrabbelt und nippt
Vom Wein und bepißt die Oblate.
Und was sie pißte, das stank so,
Daß die Gemeinde voll Grausen floh.
Und die Kirche stand und stank,
Bis sie ganz in Trümmer sank.
Nur ein Turm mit einem Sprung
Steht noch zur Besichtigung:

Die goldne Laus zu Bismark.

Bismark suche man in der Gegend von Stendal.

DIE KÖNIGIN CHRISTINE

Fliegt eine Gans gen Süden
Über den Mälarsee.
Die Königin von Schweden
Liegt auf dem Kanapee.
Im Arm die Ebba Sparre,
Ihr Schatz und Bettgenoss.
Ebba und Christine
In Schwedens Königsschloß.

Der Axel Oxenstierna,
Der hochberühmte Greis,
Nun tritt er ein zur Türe,
Der Bart so lang und weiß.
Sie ließen mich befehlen,
Ich finde treu mich ein.
Ich will, mein lieber Kanzler,
Nicht länger König sein.

Madame, die Gräfin Sparre
Ist hier wohl fehl am Platz.
Die Belle ist meine Freundin,
Mein Bettgenoss und Schatz.
Sie kraut sie in dem Nacken.
Die wirft sich her und hin
Und schmiegt die Glieder schlängelnd
An ihre Königin.

Abdankung, nicht schon wieder!
Kein Wort von Amtsverzicht!
Für Gustav Adolfs Tochter
Stellt dreifach sich die Pflicht.
Sie führt das Reich im Kriege.
Sie wahrt die Religion.
Sie schenket dem Karl Gustav
Den Prinzen für den Thron.

Ich kann im Krieg nicht führen,
Mich mopst der Waffen Ruhm.
Ich liebe nur die Kunst und
Mithin das Altertum.
Ich liebe auch die Tinte
Und die Gelehrsamkeit.
Ich liebe das Vergnügen,
Doch nicht den Völkerstreit.

Ich kann ganz schlecht bewahren
Den Väterglauben hier.
Wollt ich den Glauben schützen,
Ich müßt es ja vor mir.
Ich hab den Lukrez gelesen.
Ich glaube nicht an Gott.
Ich bin schon halb katholisch.
Der Papst ist im Komplott.

Ich kann keinen Prinzen schenken,
Das ist unzweifelhaft.
Versagt blieb meinem Schoße
Das Glück der Mutterschaft.
Ich habe meine Belle
So oft im Bett gehabt.
Sie hat sich so gemühet,
Und es hat nie geschnappt.

Sie spitzt die Unterlippe
Nach diesem dreisten Wort.
Der schwere Mann, ihn grausets.
Er stürzt zur Treppe fort.
Aus Rom zwei Jesuiten
Kommen mit einem Brief,
Sie treten beiseit und ziehen
Die Krempenhüte tief.

Christine nach ihrem Übertritt zum römisch-katholischen Bekenntnis:
»Meine Religion ist die Religion der Philosophen, die ich allen anderen vorziehe. Sie ist von Lucretius in seinen Büchern De Natura Rerum sehr gut umschrieben; sie nur anerkenne ich«.

ENGLISCHE ERÖFFNUNG

An einem Juninebeltag
Sind über die Atlantikwogen
Bei sanftem Wind und Wellenschlag
Mit Kurs Quebec dahingezogen
Drei gut französische Fregatten,
Die ihr Geschwader verloren hatten.

Dann teilt die Trübe sich. Es bricht
Der Nebel auf wie in zwei Wände.
Es öffnet strahlend sich die Sicht
Aufs ozeanische Gelände.
Und plötzlich liegt ganz klar und nah
Die ganze englische Flotte da.

Nun ja, man trifft sich nicht nur gern.
Denn George und Louis zeigen gleiche
Besitzbegier nach jenem fern
Und rauhen Vizekönigreiche.
Man grüßt knapp nach den Anstandsregeln
Und will ansonst vorübersegeln.

Da – Linienschiff für Linienschiff
Dreht bei und zeigt die breite Seite,
Als ob ein Artillerieangriff
Im Todesernst sich vorbereite.
Der Kapitän von der »Alcide«
Er denkt: Ich denke, es herrscht Friede.

Doch es ist wahr: geraume Zeit
Sind wir auf See, fast vierzehn Wochen,
Am Ende ist Feindseligkeit
Zu Haus inzwischen ausgebrochen.
– Er greift zum Sprachrohr: Haben wir
Krieg oder Frieden, Kavalier?

Dort, achtern auf der »Dunkirk«, steht
Der Kapitän auf seinem Flecke,
Schreit: Frieden, Frieden, Sir! und dreht
Den Trichter zum Kanonendecke
Und fügt in echt altenglischer Ruh
Das Kommando: Feuer! hinzu.

Der Krieg, der siebenjährige,
So ging er an, von diesem Platze.
Und jeglicher seitherige
Eröffnet mit demselben Satze.
Man lädt. Und einer brüllt vom Steuer:
Frieden, Frieden – Feuer!

Fand statt im Juni 1755. Die drei französischen Kauffahrer hießen die »Alcide«, die »Lys« und die »Royal Dauphin«.

DER SALUT VON MEMEL

– Luise, liebes Kind, ich muß ...
– Wohin, wohin, wohin?
– Nach Tilsit fort zum Friedensschluß,
Weil ich geschlagen bin. –
Der König geht. Der König spricht:
Die Ruhe ist die erste Pflicht,
Drum reize mir den Kaiser nicht,
Das hat jetzt keinen Sinn.

Luise wollte tanzen gehn,
Wohin, wohin, wohin?
Zu einem Britenkapitän,
Der kam bei Tagbeginn.
Schon hüpft sie fröhlich in das Boot,
Der Busen weiß, die Wangen rot,
Ein alter Maat von echtem Schrot,
Der roch nach Teer und Gin.

Luise an der Bordwand schwebt,
Wohin, wohin, wohin?
An schwankem Seil ein Kran sie hebt,
Daß sie das Deck gewinn.
Ein Hochruf donnert von den Rahn,
Im Seewind knattert Englands Fahn,
Luise hängt an ihrem Kran,
Es knarrt die Ruderpinn.

Luise steigt der Magenbrei,
Wohin, wohin, wohin?
Aus Mund und Nase ein Gespei,
Es schießt ihr übers Kinn.
Das schöne Kleid aus Musselin,
Das hat sie völlig vollgespien.
Luise speit wie ein Delphin
Und wünscht sich sonstwohin.

Kanonen feuern den Salut.
Wohin, wohin, wohin?
Sie feuern gut, sie treffen gut,
Es warn noch Kugeln drin.
Halb Memel lag in Schutt im Nu.
Napoleon murmelt: Quel dégoût.
Der Wilhelm schreit: Verdammte Kuh.
Gott schütz die Königin!

Die ausführlichste Nachricht über den mißglückten Ausflug zu der Fregatte Astraea am 1. Juli 1807 hat die Nachwelt von dem Ruppiner Landrat Friedrich Christian Ludwig Emilius v. Zieten aus Wustrau; die Nachricht von dieser Nachricht aber dankt der Verfasser seinem Freund Gotthold Gloger, der ihm den Stoff in selbstloser Kollegialität zur Verfügung überließ. – Die Königin befand sich im vierten Monat. Der Vorwurf, falls Dichtung Vorwürfe erhebt, gilt nicht ihrem Magen.

DER GREISE CHASSEUR

Mein alter Stutzen rostete
Und auch mein altes Hassen.
Als ob das Zeug nichts kostete,
Hab ich es hängen lassen.
Ich muß sie wieder putzen,
Den Haß und auch den Stutzen,
Ich muß die Stunde nutzen,
Der Kaiser ging an Land.

Den Kampf, den keine Hoffnung lohnt,
Den wird man satt zu kämpfen.
Doch glaubt nicht, daß der Feind uns schont,
Wenn wir die Hiebe dämpfen.
Es lebt der Mensch auf Erden,
Sein Wohlsein zu gefährden.
Was Recht ist, muß Recht werden.
Der Kaiser vor Lyon.

Dich, Schlaf, du trübes Nachtgefühl,
Wird Adlerschrei verjagen.
Den Graukopf gilts im Schlachtgewühl
Ans Vaterland zu wagen.
Von Ehr allein gezwungen.
Um keinen Sold gedungen.
Die Alten vor den Jungen.
Der Kaiser ruft. Zu Pferd!

DIE FLUCHT NACH ASTAPOWO

Rüstig, rüstig, Väterchen,
Durch die Scheiben graut das Frühlicht,
Hoch vom Strohsack, Kopf in Eimer,
Blankgefegt die Birkendielen,
Holz zum Hauklotz, Holz gespaltet,
Angefacht den Eisenofen,
Angelegt den groben Kittel
Und die groben Pluderhosen
Und die Stiefel, selbstgenäht
Von den Sohlen zu den Schäften.
Auf dem Bord das Schusterwerkzeug,
Schusterahle, Pech und Heftzwirn.

Doch wie er nun stapft ins Nebenzimmer,
Verdrießt ein Anblick ihn, ein schlimmer:

Kandelaberglanz bestrahlte
Brustgeschmeid und Ordensstern,
Damen sprachen, schön bemalte,
Mit Majors und Kammerherrn.
Schon halb satt von dem Geschwafel
Rückt er mürrisch an die Tafel,
Und es sprach der Cheflakai:
Befiehlt Herr Graf den Hirsebrei?

* * *

Spute, spute, Väterchen,
Hustend, fiebernd, ohne Handschuh,
Aber frei. Aus Herrenknechtschaft
Endlich fort trägt dich der Dampfzug,
Trägt dich fort nach Astapowo,
Wo der Vorstand von dem Bahnhof
Dich in seiner Hütte aufnimmt,
Ist gottlob ein Tolstojaner.
Auf dem Strohsack endlich ruhst du
Aus, die hippokratschen Hände
Überm Kräuselbart gefaltet.
Einsam, einsam bist du endlich.

Doch draußen vor dem Siechenzimmer
Da ging das Leben fort wie immer:

Gräfin Sonja war der Reise
Eilig hinterher gehetzt,
Wartend auf dem Abstellgleise
Stand ihr Sonderwagen jetzt.
Am Piano bange Nächte
Denkt sie der Autorenrechte,
Auch die Söhne waren mit,
Mit denen sie ums Erbe stritt.

Eingetroffen war Herr Mayer
Aus der großen Stadt Paris,
Den Pathé, der Filmverleiher,
Was sich regte, drehen ließ.
Und die internationale
Presse haust im Wartesaale
Und erörtert am Buffet,
Ob es nicht bald zu Ende geh.

Ferner hastig abgeschickte
Gendarmrie entstieg der Bahn,
Auch der stark beunruhigte
Gouverneur von Riasan.
Selbst aus Petersburg im Norden
War ein Herr entsandt geworden,
Der im Teehaus Schmetterling
Subjekte in Zivil empfing.

Auch der Staretz Warsonofij
Mit dem Morgenzug erschien,
Es erwartet halbbesoffen
Nicolaus, der Pope, ihn.
– Rasch zum Grafen! dem Synode
Liegt an einem frommen Tode.
– Damit sieht es trübe aus,
Versetzt der Pope Nicolaus.

In dem Dorf für ihren Rubel
Müht sich redlich eine Hur,
Die bei Tolstojs Sterbetrubel
Einen Sack voll Gold einfuhr.
Bis an ihren Lebensabend
Blieb sie wohl- und würdehabend,
Unter keinem Umstand mehr
Beging sie den Geschlechtsverkehr.

Leo Nikolajewitsch Graf Tolstoj verschied am 28. Oktober 1910. Der Bahnvorsteher hieß Osolin. Der Herr aus Petersburg war der stellvertretende Polizeiminister. Der Ortspope hieß Nikolaus Gratzianski. Sonderwaggons waren wirklich mit Klavieren ausgestattet.

STEINER BEI NIETZSCHE IN NAUMBURG

Gesünder nicht, nicht kränker,
Nicht lebend und nicht tot,
So lag der große Denker,
Ein sabbernder Idiot.
Den dürren Leib umwallten
Hochpriesterliche Falten.
Der junge Pilger rief:
Wie sank der Mann so tief?

Herr Dr. Rudolf Steiner,
Sprach Frau Elisabeth,
Ein Schritt vielleicht, ein kleiner,
Von seiner Leidensstätt.
Sie werden es erfahren.
Es dringt zwar schon seit Jahren
Kein Wort in ihn herein,
Doch soll man taktvoll sein.

Ich war als Kind schon mütterlich
Und Fritz schon Philosoph.
Ich weint um ihn gar bitterlich
Auf manchem Pfarrgutshof.
Ja, glücklich sind die Knaben,
Die eine Schwester haben,
Uns Schwestern gönnt Natur
Oft einen Bruder nur.

Zu lüsternem Gestreichel,
Wann immer ich ihn fand,
Nahm er die eigne Eichel
Wohl in die eigne Hand.
Des Tages mehre Male
Griff Fritz zum Genitale.
Das männliche Geschlecht
Tut äußerst ungern Recht.

Ich hab ihm angekündigt
Die Zukunft, die ihm winkt.
An dem, der sich versündigt
Und nie den Trieb bezwingt,
Wird sich der Körper rächen
Durch grausige Gebrechen,
Dies ist unzweifelhaft
Zufolg der Wissenschaft.

Der Darm, er wird ihn drücken.
Sein Schlaf bleibt ohne Lust.
Ihm wächst ein krummer Rücken
Und eine enge Brust.
Die sittliche Verödung
Führt sicher zur Verblödung.
Ich bitte dich: Hör auf,
Der Fluch nimmt seinen Lauf.

Vom Ruhesofa tönen
Aus dem gewölbten Bart
Hört man ein rauhes Stöhnen.
Das ist, was aus ihm ward.
Ich hab umsonst gebeten,
Nun ist es eingetreten.
Mit einmal stand der Gast
Ganz sonderbar erblaßt.

Steiners erster Besuch bei Nietzsche erfolgte 1895.

VIII

DER MENSCH KEIN VOGEL

Ich lag mit dir, und im Begriff, zu Bette,
Mich stark nach unsres Hierseins Sinn zu fragen,
Da hört ein Klatschen ich und Flügelschlagen.
Zwei Tauben balzten auf dem Fensterbrette.

Wie ganz erfaßt! Wie aufgerührt vom Drange!
Doch jetzt, wieso? Sie gehn zur Feuerleiter
Und scharren dort und kennen sich nicht weiter.
Es war nicht schlecht. Nur währt es wohl nicht lange.

Der Tauber gähnt und kratzt sich an der Haube
Und hatte kurze Not, sich abzukühlen.
Ich sprach: viel Redlichkeit, doch wenig Taube.
Die Liebe, die ich nur zu fühlen glaube,
Ist zehn Mal mehr, als was die Bestien fühlen.
Und ich begann, mich gern in dich zu wühlen.

ERLOSCHENES HERZ

Zu große Hoffnung dieser hundert Tage,
Hängst du zu lastend an der einen Stunde?
Ging Sehnsucht an Begier, gleich einer Plage
Vom eignen Stoff sich sättigend, zugrunde?

Ich wartete zu sehr. Das innre Uhrwerk,
Unklug gefordert, hat sich überdreht.
Im Hofe schlägt die Tür von deinem Fuhrwerk.
Gestern wars: endlich. Heute ists zu spät.

Doch wie? Mein Herz, im unvermutet wilden
Verlangen find ichs an dem deinen klebend
Mit der Magnetgewalt von Weltgebilden.
Was tot schien, scheint im Übermaße lebend.
Wen Lieb entflammte, ist das so? dem brennt
Sie tiefer, als er selbst sich fühlt und kennt.

DU SANFTE LIEBE

Du sanfte Liebe, holdes Kind, vernimm:
Als ich aus deinem süßen Kusse eben
Getrennt mich hatte und zu mir begeben,
Da war mir in der linken Schulter schlimm.

Vorm Spiegel streifte ich das wollne Hemd,
Was schmerzte, ab. Und im Hintüberwenden
Sah ich fünf Zeichen meine Weiße schänden,
An Blutfarb meiner Haut und Schwellung fremd.

So furchet die Harpye nur dem Lamme
Ins Unschulds-Fleisch, (wie matt sein Blöken klaget,
Da nichts, die Mutter nicht, zu retten waget),
Solch todeinwühlend fünfgezinkte Schramme.
Und das nun, sanfte Liebe, fügtest du
Mir, und mit deinen Sammetkrallen, zu?

ZUMIRFINDEN MIT LANDSCHAFT

Als mir das Auge wieder aufging, ward
Zuerst des grünen Mooses ich gewahr.
Auf sandiger Narbe Wipfel sternenzart
Und zwischen ihnen was wie braunes Haar.

Dann, mehr bei Sinnen, sah ich: schmal und bloß
War mir dein brauner Körper aufgetaucht,
Vom selben rostigen Braun wie von dem Moos
Das Haar, doch weiß mit Nebel überraucht.

Das war das zweite. Hiernach nun verlor
Ich mich, zum andern Mal und des Verstands
Noch gründlicher entratend als zuvor,
In deinen tiefen Küssen. Endlich ganz
Bei mir zurücke, fand ich mich im Regen,
Sehr wenig fern den öffentlichen Wegen.

AUF LAURAS ENTJUNGFERUNG

Wie ein bewachtes Land, plötzlich erstarkt,
Sich auftun kann, den Fremden einzulassen,
Und kann am andern Ich das eigne fassen
Und büßt von sich nichts ein bei diesem Markt,

Hast, Laura, du den stets verschlossnen Schoß
Mir aufgetan und dich. Und keine Grenze,
Allein dein Wert bestimmt noch deine Gänze.
Um frei zu werden, wardst du freistattlos.

Weißer als sonst, mein weißes, schönes Kind,
Liegt schwarz umrahmt dein Antlitz in den Kissen.
Die Mauer deiner Scham ist aufgerissen.
Und jene Träne, die ins Haar dir rinnt,
Gilt schon dem Schmerz nicht mehr in deiner Blöße.
Der Ahnung gilt sie abverlangter Größe.

DEIANEIRA

Sie hat sich, und auf fast erlaubte Weise,
In seine Dinge etwas eingemengt.
Er war entgleist. Sie hat ihn still gelenkt
Und vorwurflos aufs alte Ruhmgeleise.
Er hat geliebt, wo er nicht hätte sollen.
Sie hat ihn nur zur Klarheit bringen wollen.

Das alles geht ganz fürchterlich dann aus,
Auch wenn noch falsche Boten Gutes melden.
Die Gattin hängt und Mörderin des Helden
Sich, was nichts quittmacht, auf im Wäschehaus,
Indes er schreiend wegschmort in dem Hemde,
Das sie ihm anzog, die zu wenig Fremde.

Den Mann, so wird gezeigt, läßt Gott den Nöten
Entrinnen, die ihm zugemessen scheinen.
Doch kehrt ins Sippenhaus er zu den Seinen
Nach Trachis wieder, satt vom Feindetöten,
Dann kleiden sie ihn dort in Feuerwesten:
Weil sie ihn lieben und zu seinem Besten.

FIN DE MILLENAIRE

Wer nie vom Schönen je vernahm, vermißt nichts.
Ein Bürokrat sucht Intendanten aus.
Müller kann nichts, weiß nichts, ist nichts.
Ein Irrer wickelt Lappen um ein Haus.

Ich gähne nur in jedem solchen Falle.
Gegen den Niedergang kommt keiner an.
Ich laß sie machen, weil ich sie nicht alle
In einem Dahmesee ersäufen kann.

Ja, wenn ich könnte. So verkroch ich mich
In einer Grotte des Jahrtausendendes,
Wo mich ein Schlafbedürfnis, ein horrendes,
Bis zur Betäubung übermannte. Ich,
Der ich rein körperlich zum Müdsein neige,
Vergebt mir, wenn ich keinen Zorn mehr zeige.

DER SIECHE FISCH

Ein Fisch, aus einem flutenden Kanale
Gewahrt er sich in einen Teich verbracht,
Den ein Gewirr von Erlen, jedem Strahle
Des Tages Einhalt bietend, überdacht.

Der Pflanzen Grün geht dort in Fäulnis über.
Der Boden steigt, der Raum für Taten sinkt.
Die Aussicht wird von Mond zu Monat trüber.
Es stinkt um ihn. Dann ists er selbst, der stinkt.

Er fragt im Dämmer jener Erlengruppen
Nicht, was beginnen. (Und es wäre: nichts).
Mit wundem After steht er, blutgen Schuppen,
Ein schräger Spiegel eines kalten Lichts.
So traf ich und betracht ich ihn, in Kenntnis
Des Weltzusammenhangs und mit Verständnis.

MELANCHOLIE

Glaub ich an dich, dann glaub ich, was ich soll:
Den guten Gang der öffentlichen Dinge,
Und daß uns irdscher Schar – vertrauensvoll
Glaub ich daran – noch Götterlust gelinge.

Solang ich nah dich und mir seiend weiß,
Von keinem Edlen zweifl ich, daß es werde.
Jetzt bist du fern. Der Sonne nicht des Mais
Glaub ich die Wärme mehr und Prunkgebärde.

Glück? Narrheit. Lenz? Und Lenz nicht für uns beide?
Am Schattenrande sitze ich des Flusses,
Umstellt von Dämmerungen, und erleide
Des Sehnens Krankheit und des Weltverdrusses.
Der Menschen müd, vom Firmament belästigt.
Melancholie hat sich in mir befestigt.

IM ZWIEBELBEET

Man hört so vieles Häßliche erwähnen.
Mal schlägt es diesen, und mal trifft es jenen.
Wer leugnets denn? Es kann auch uns erwischen.
Der Tätige beschäftigt sich inzwischen.

Doch ward es Brauch, mit Greinen und mit Keifen
Dem ungewissen Unheil vorzugreifen.
Verwünschter Zeitgeschmack. Ich seh sie dauernd,
Als ob die Welt nicht schlimm genug wär, trauernd.

Das gibt sich lustvoll auf und gern verloren.
Das hält nur Aussichtslosestes für wahr.
Das wär am allerliebsten nicht geboren.
Ich mags nicht einsehn. Schon im dritten Jahr
Sitz ich in meinem Garten mit Behagen
Im Zwiebelbeet. Und sollte mich beklagen?

IX

WENN CHRONOS SCHLÄFT

Wenn Chronos schläft, den Arm zum Halt gebogen
Der bärtgen Wange und das faltige Lid
Geruhsam übers satte Aug gezogen,
Geschieht im All, daß nichts in ihm geschieht.
Wir sehns nicht gern. Wir wissen ja, der Mann
Setzt einmal seinen Weg fort. Aber wann?

Kein Sieg, kein Fehlschlag für mein Wesen bürgend.
Kein Hochgefühl. Ich werd mir selber blässer.
Die Arbeit ist nicht, was sie war. Im Nirgend
Für Niemanden. Das macht den Stil nicht besser.
Ich ahne das Geripp in meinem Leibe,
Als gings mich an, und treib, was ich nicht treibe.

Es gibt kein Jetzt und, scheint es, kein Nachher.
Von allen Altern dünkt uns dies das leerste.
Verdammter Stillestand. Kämpfen ist schwer,
Sterben ist schwerer. Warten ist das Schwerste.
Seit Jahrmillionen schleppt er sich zum Ziel,
Der Weltverlauf. Warum sind zehn so viel?

PLAGEJAHRE

Lenins brausender Oktober
Half der Menschheit auf den Sprung,
Freilich wieder nur in grober
Paradieses Näherung.
Plagejahre, Übergang –
Manches dauert gar zu lang.

Roboter mit sanftem Nicken
Machen alle Handarbeit.
Pille lehrt die Frauen ficken.
Wo nur bleibt die goldne Zeit?
Plagejahre, Übergang –
Manches dauert gar zu lang.

Dämel druckt, ich bin verboten.
Was zum Kuckuck zügelt ihr,
Kampfgenossen, meinen Roten,
Pegasus, mein Flügeltier?
Einem Menschen mit Humor
Kommt das Leben komisch vor.

Eine Sonne ohne Farben
Schleppt sich hinter Wolken hin.
Du auch, Liebste, läßt mich darben,
Bist woanders, als ich bin.
Plagejahre, Übergang –
Manches dauert gar zu lang.

DIE LÄCHERLICHEN UNPREZIÖSEN

Wie Morgenwolken lockenschön das Bett
Umstehn, woraus die Sonne sich erhebet,
So – daß sich Glanz im Widerglanz belebet –
Im allerköniglichsten Kabinett
Stand Ludwigs Adel: rosenrot und weiß.
Das Rot war Bolus und das Weiße Reis.

Der Hof von heute, kann ich schwören, trägt
Nicht Locken mehr. Das Haar liegt rückgestriegelt.
Von frühen Glatzen wird der Tag gespiegelt.
Die Haut ist grau und ehrlich ungepflegt.
Mag aber sein, es riecht noch, wie es roch.
Sie duschen wieder. Und sie stinken noch.

War das das Ziel? Man folgt genauso kraß
Wie zu Versailles der Gierde des Gekröses.
Die gleiche Schurkerei, und nichts Preziöses.
Ich weiß ja nicht. Das leistet sich schon was,
Das obre Pack. Nun ist es schon genobelt
Und bleibt, als sei es unentgolten, ungehobelt.

KARTOFFELFRAUEN

Der Dichter hat sich früh erhoben.
Er will in einer kleinen Schrift
Das Glück des Sozialismus loben,
Das viele, doch kaum ihn, betrifft.
Da sieht er unterm Morgengrauen
Im Herbstfeld die Kartoffelfrauen.
Sie rutschen fröstelnd auf dem Bauch.
Er blickt sie an und seufzt: ihr auch?

ATHEN

Du, hinter mir gelegen,
O Vaterstadt Athen,
Auf allen meinen Wegen
Dich will ich nimmer sehn.
In deinen Marmortoren
Wird auch der Mensch ein Stein.
Ich muß in dir geboren,
Doch nicht gestorben sein.

Ihr, hinter mir geblieben,
Ihr Frauen von Athen,
Bei allem meinem Lieben
Euch will ich stets verschmähn.
Du rosige Gemeinde,
Geh, spiel dein Spiel allein.
Ihr solltet süße Feinde,
Nicht Mörderinnen sein.

In eines Faulbaums Krone
Da bau ich mir mein Nest,
Wo es sich ziemlich ohne
Beschwerden leben läßt.
Und ob der Ast auch schwanke,
Wenn rauhe Winde wehn,
Mich tröstet der Gedanke:
Ich bin nicht in Athen.

MAINEBEL

Über dieser Hauptstadt dicht
Dehnt sich eine Wolkenschicht.

Nicht von kleinstem Wind durchrauscht,
Bleibt die Luft unausgetauscht,

Und fast bleiern liegt ein Rauch
Uns zu Häupten auf dem Bauch.

Morgens, wie ich meine Süße
Fröhlich mit Rot Front begrüße,

Kommts, daß ich mir an dem Wetter
Die geballte Faust zerschmetter,

(Meine Seele stoß ich und
Bildlich mir den Knöchel wund).

Es wird deutlich, daß die West-
witterung zu wünschen läßt.

Und der Mai? Man wäre froh,
Wenn er nie mehr käm als so.

DIE EISHEILIGEN

Drei Greise kommen gefahren
Auf einer weißen Jacht.
Der Fluß, er hat seit Jahren
Nicht solche Gäste gebracht.

Aufflattern die Schwäne. Es schlagen
Die Wellen gegen das Land.
Die Wolkenfetzen jagen
Und nehmen überhand.

Sie starren in alle Gärten
Und lächeln dreckig dabei.
Ein Hauch aus ihren Bärten
Fällt auf den grünenden Mai.

Sankt Schneekönig, ein fetter
Durchtriebener alter Schuft.
Der zweite: Sankt Alle Wetter.
Der dritte: Sankt Dicke Luft.

Und schön wie eine Eule
Folgt ihnen ein kaltes Weib.
Die Heilige Frostbeule,
Tiefblau am ganzen Leib.

Die Obstbaumblüten knirschen.
Falls noch ein Juli käm,
Dann einer ohne Kirschen,
Das wird ein ernstes Problem.

Mit ihren leisen Motoren
Gleiten die Boote hinweg.
Das Wasser liegt starr, gefroren
Unter der Flagge am Heck.

DIE LERCHE

Du singst ja noch für uns, mein Tier.
Und wirst von uns nicht mehr besungen?
Nein, nimm dies Blatt von mir.
Von unser beider starken Zungen
Wird Wald und Feld, und was nicht hören will,
durchdrungen,
Wir wissen, Vogel, du und ich, wie fest
Es sich, ein Punkt im Leeren, stehen läßt.

Ihr, gelbe Kiefern, auch, ihr zeigt uns doch
Die Echsenschönheit eurer Borke noch,
Der krummen Zweige alten Eigensinn.
Mir scheint, als ob ich euch zu sehen übrig bin.
Die Dichtung schaut so wenig hin,
Als ob es leicht wär, sich in nichts als Sand zu krallen
Und beim Getos des Süd nicht umzufallen.

Ich sag euch, was es ist: ihr seid zu stolz für die,
Wie ihr, bei Erden Ungunst, aufwärts strebt.
Was man am Menschen schilt, mag man an euch
nicht leiden.
Ihr überlebtet viel. Ihr überlebt
Am Ende wohl die neueste Poesie.
Wollt euch indes mit meinem Gruß bescheiden.

VIEHAUSTRIEB

Ich fuhr, und ohne Trauer,
Zu der hin, die ich lieb.
Da plötzlich: eine Mauer
Von Ärschen. Viehaustrieb.
Das Auto darf nicht rollen.
Sie drücken es entzwei.
Eine Herde Rindvieh
Läßt keinen vorbei.

Sie hören auf kein Zeichen,
Sie haben Dreck im Ohr,
Als wär man ihresgleichen
Und drängelte sich vor.
Der stinkenden Kuhmagd
Gilts auch einerlei.
Eine Herde Rindvieh
Läßt keinen vorbei.

Ich bin der besten einer
Der Köpfe unterm Mond.
Ich weiß, sonst weiß es keiner,
Wo Deutschlands Muse wohnt.
Wir lägen längst zu Bette
In holder Schwärmerei.
Ich will mich nicht wiederholen.
Die Fahrbahn ist nicht frei.

DER DICHTER, EINEM SCHWANZE VERGLICHEN

Er wird die Gesetze
Der Welt nicht sprengen.
Erst muß er stehen,
Dann muß er hängen.

X

MEIN DÖRFCHEN

Mein Dörfchen, das heißt DDR,
Hier kennt jeder jeden.
Wenn Sie in Rostock flüstern, Herr,
Hört Leipzig, was Sie reden.

Das Mädchen, das zu lieben lohnt,
Kennt auch Ihr Freund genauer.
Es gibt nichts Neues unterm Mond,
Nicht dieserseits der Mauer.

ODE AUF BERLIN

O wie gern bin ich alleine
Mitten in der großen Stadt,
Wo man seinen Lärm und seine
Wunderschöne Ruhe hat.

Und ich denke meine Sachen,
Muß mich keinem anvertraun.
Was ich kann, das darf ich machen.
Niemand lugt mir übern Zaun.

Mich berührt der Völker Jammer.
Bruders Jammer läßt mich kühl.
Mitmensch bin ich in der Kammer,
Eremite im Gewühl.

Daß am Glück es nicht gebreche,
Hat Berlin mir dich gesandt,
Dich, du meiner letzten Schwäche
Heißgeliebter Gegenstand.

Und in deine weißen Mulden
Schmieg ich heiter mein Gesicht.
Leute, die der Welt nichts schulden,
Deren Seele nimmt sie nicht.

O wie gern bin ich alleine,
O wie gerne auch bei dir.
Andre Nachbarn brauch ich keine.
Neuzeit, so gefällst du mir.

VANITAS

Habichtschatten überm Hühnerstalle.
Das Gemälde ist von Hondecoeter.
Ja, so schweben sie, die Sterbegötter,
Unerraten bis zum Niederfalle.

Manchmal vor durchsonntem Blau
Ahnt man ihre bösen Silhouetten.
Eines Tags dann sieht man sie genau.
Aber dann ist wenig mehr zu retten.

Eitel, spricht die Weisheit im Barocke,
Ist das Leben und vom Tod gerändert.
Auch bei uns hat sich das kaum geändert.
Nur wir hängens nicht mehr an die Glocke.

PARK IM FRÜHLING

Nicht bläst der Wind den ungemeinen Ärger
Aus meinem Schädel fort. Die Barometer
Und das Niveau des Denkens fallen seit Jahrzehnten.
Die Pappelblätter sind, schon wenn sie jung sind, gelb.
Erdfarbne Vögel rennen auf den Steinen.
Ein Rehpinscher vertritt das Edle noch.

Wann werd ich es so satt sein,
Daß ich es satt bin aufzuschreiben, wie
Satt ich es bin?

AM SCHEIDEWEG

Wenn Liebe mir am Leben zehrt,
Lieb ich doch immer fleißig.
Undeutlich ist des Lebens Wert.
Den der Liebe weiß ich.
Ich hab geackert vierzig Jahr,
Es ward mir bös gedankt.
Nun soll es sein die Nachwelt gar,
Die sehr nach mir verlangt.

Die Nachwelt rollt an mir vorbei
In weiß und rosa Kissen.
Da hab ich den Verdacht, als sei
Sie heute schon beschissen.
Mein Denkmal auf der Hacksallee,
Von Zukunfts-Volk umwühlt –
Wenn ich diese Kinder seh,
Schwant mir, was es fühlt.

Ich lieb nicht schlechter, als ich schreib,
Bin ja dasselbe Wesen.
Der Unter- wie der Oberleib
Hat seinen Marx gelesen.
Und wann ich den Entschluß gefaßt?
Mein Engel, als ich fand,
Wie gut du mich begriffen hast
Mit deiner Engelshand.

EINEM VERMITTLER

Den Gruß zurück. Und Dank für Ihr Bemühen
Doch tut mir leid: ich handle nicht mit Kühen.
Hier ist Berlin, nicht Neustadt an der Dosse.
Ich bin ein Dichter und kein Zeitgenosse.

ZWISCHEN DEN STÜHLEN

Allerdings: zwischen vielen Stühlen sitz ich
Fest auf der Erde. Es haben sich
Auf wackligen Stühlen schon welche
Zu Tode gesetzt. Ganze Kasten starben
Bei Stuhlbeben.

TAGTRAUM

Ich möchte gern ein Holperstein
In einer Pflasterstraße sein.

Ich stell mir vor, ich läge dort
Jahrhunderte am selben Ort,
Und einer von den Kunsteunuchen
Aus Medien und Kritik
Käm beispielsweise Hacks besuchen
Und bräch sich das Genick.

RICHTIGSTELLUNG

Um die Dinge einmal wieder
Ins gehörige Verhältnis zu setzen: ich bin
Ein Eichbaum, ich singe mit tausend Vögeln.
Über mir geht die purpurne Sonne auf, das
Ist deine Liebe. Vorn, links unten,
Sehen Sie einen kleinen, grünen Gallapfel,
Das ist die Welt.

BESCHEIDUNG

Ich bins zufrieden. Die Zerwürfnisse
Mit mir und denen sind nicht überscharf.
Hab nur erfüllbare Bedürfnisse.
Schnaps, Liebe, Kunst sind, deren ich bedarf.

Des Fortschritts krümmster Weg ist so verschieden
Nicht vom schnellstmöglichen. Er schleppt und klimmt
Hinan, so wie er muß. Ich bins zufrieden
Und also nicht zum Lyriker bestimmt.

INHALT

I

II

III

IV

V

VI

VII

VIII

IX

X

Auswahl und Zusammenstellung der Gedichte für den vorliegenden Band hat noch Peter Hacks selbst vorgenommen. Der Band erschien erstmals im Februar 2004. Der Textabdruck folgt Band I der Ausgabe *Hacks – Werke,* die als Ausgabe letzter Hand bei Eulenspiegel erschienen ist. Eine vollständige Edition der Gedichte von Peter Hacks gibt es bislang nicht. Auch der Gedichtband der Werkausgabe stellt eine vom Autor getroffene Auswahl dar. Die Gedichte für Kinder sind im zehnten Band der Werke versammelt, weitere Gedichttexte finden sich in den Dramen sowie in den (vergriffenen) Bänden *Lieder zu Stücken* (Eulenspiegel Verlag), *Poesiealbum 57* und *Lieder, Briefe, Gedichte* (beide Verlag Neues Leben) und in der noch nicht erschienenen Ausgabe *Der junge Hacks. Erster Band: Gedichte.* Schließlich findet man einige der in den Werken nicht enthaltenen Gedichte in dem Band *Tamerlan in Berlin. Gedichte aus der DDR* (Eulenspiegel 2003). Diese ebenfalls von ihm selbst zusammengestellte Sammlung hatte der Autor folgendermaßen charakterisiert: »Es handelt sich um eine Auswahl von Hacks' unvermittelt politischer Lyrik. Geschichte wird erzählt als Geschichte von Klassenkämpfen; diese Gedichte sind verfaßt als Gedichte von Klassenkämpfen.« (Brief vom 19. 8. 2002)

ISBN 978 – 3 – 359 – 01375 – 4

1. Auflage dieser Ausgabe 2018

Gestaltung – Buchgut, Berlin
Printed in EU

Die Bücher des Eulenspiegel Verlags erscheinen in der Eulenspiegel Verlagsgruppe.

www.eulenspiegel.com